华为为什么能

不在非战略机会点上消耗战略竞争力量

李冠辰 著

HUAWEI

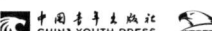

图书在版编目(CIP)数据

华为为什么能：不在非战略机会点上消耗战略竞争力量 / 李冠辰著.
—北京：中国青年出版社，2019.9
ISBN 978-7-5153-5718-8

Ⅰ.①华… Ⅱ.①李… Ⅲ.①通信企业—企业管理—经验—深圳 Ⅳ.①F632.765.3

中国版本图书馆CIP数据核字（2019）第153114号

华为为什么能：
不在非战略机会点上消耗战略竞争力量

作　　者：	李冠辰
责任编辑：	胡莉萍
策划编辑：	刘　吉
美术编辑：	杜雨萃
出　　版：	中国青年出版社
发　　行：	北京中青文文化传媒有限公司
电　　话：	010-65511272/65516873
公司网址：	www.cyb.com.cn
购书网址：	zqwts.tmall.com　　www.diyijie.com
印　　刷：	大厂回族自治县益利印刷有限公司
版　　次：	2019年9月第1版
印　　次：	2019年9月第1次印刷
开　　本：	787×1092　1/16
字　　数：	150千字
印　　张：	15.5
书　　号：	ISBN 978-7-5153-5718-8
定　　价：	49.00元

版权声明

　　未经出版人事先书面许可，对本出版物的任何部分不得以任何方式或途径复制或传播，包括但不限于复印、录制、录音，或通过任何数据库、在线信息、数字化产品或可检索的系统。

中青版图书，版权所有，盗版必究

目录

序言 / 007

第一部分　华为的战略 / 019

第一章　华为的战略管理体系 —— 023

第一节　战略指导思想 / 024

第二节　战略规划方法 / 032

第三节　战略管控机制 / 039

第二章　华为的战略管理体系起源和发展 —— 042

第一节　企业战略管理体系的发展阶段 / 042

第二节　华为的发展历程和管理变革 / 051

第三节　华为的成功是赢在战略 / 063

第二部分　华为的战略指导思想／067

第三章　利润转移理论 —— 070

第一节　利润转移是必然趋势 / 070

第二节　利润转移背后的驱动因素 / 075

第四章　客户经济学 —— 078

第一节　总顾客成本 / 080

第二节　总顾客价值 / 088

第五章　赢利模式 —— 092

第一节　价值链模式 / 096

第二节　客户模式 / 100

第三节　渠道模式 / 104

第四节　资源模式 / 108

第五节　知识模式 / 111

第六节　巨型模式 / 117

第七节　组织模式 / 121

第八节　产品模式 / 129

第六章　业务设计 —— 143

第一节　业务设计的四个战略要素 / 143

第二节　华为不同发展阶段的业务设计 / 148

第三部分　华为的战略规划方法 / 153

第七章　战略设计方法 ———————————————— 157
第一节　市场洞察 / 158

第二节　战略意图 / 171

第三节　创新焦点 / 180

第四节　业务设计 / 184

第八章　执行设计方法 ———————————————— 193
第一节　关键任务与依赖关系 / 194

第二节　组织 / 199

第三节　人才 / 204

第四节　企业文化与组织氛围 / 207

第四部分　华为的战略管控机制 / 215

第九章　战略管理组织架构和职责 ————————— 217
第一节　华为整体的组织架构和职责 / 218

第二节　华为的战略管理架构和职责 / 223

第十章　战略管理流程 ———————————————— 228
第一节　战略规划子流程 / 230

第二节　年度业务计划与预算子流程 / 234

第三节　管理执行与监控子流程 / 238

第四节　战略管理的时间进度安排 / 242

后记 / 247

序言 PREFACE

一、华为的成功秘诀是什么？

2018年12月27日，华为轮值董事长郭平发布了题为《不经艰难困苦，何来玉汝于成》的2019年新年致辞，其中特别提到，2018年华为预计实现销售收入1085亿美元，同比增长21%。这将是华为年收入首次突破千亿美元大关，也是继三星、苹果之后，电子行业内全球第三家达到这一成就的企业。

其实在2017年，华为的全球销售收入已经达到了6036亿元人民币，合美元约937亿元，已近很接近千亿美元大关。而另一家全球著名公司IBM的2017年全年营收为791亿美元。IBM成立于1911年，曾是华为最为推崇和学习的企业之一，可以说是华为走向正规化和国际化的老师，华为用30年的时间走过了IBM走过的100年的路，并最终超越了老师。

华为的伟大之处，在于它是在一个完全竞争的市场中创造了一个高速成长的传奇。纵观华为30年的发展历程，人们看到的是它在不断地复制成功，从单一产品的成功到多产品领域的成功，从农村市场的成功到城市市场的成功,从国内的成功到海外的成功,从单一客户群体的成功到差异性非常大的多客户群体的成功。

我们不禁要问:这种成功的秘诀是什么?这种成功的秘诀对于中国大多数企业是否有借鉴意义?这将是本书所着重探讨和试图解答的。

华为成功的秘诀是什么?

关于华为的成功秘诀,不同的人可能会有不同的解读。

有的人认为是研发制胜。的确,作为高科技企业,研发能力是企业最为重要的核心竞争力,而华为一直以高强度的研发投入而闻名。

数据显示,从2008年到2017年近10年间,华为累计投入了3940亿元人民币的研发费用,仅2017年的研发投入就达到了897亿元人民币,占营业收入的14.9%。2017年,华为的研发费用在全球大公司里排第6位。

截至2017年12月31日,华为在国内的专利申请量达到64091件,海外达到48758件,获得授权的专利为74307件,其中90%以上专利为发明专利。

在即将到来的5G时代,华为是5G标准的积极推动者,其所拥有的5G核心专利占比达到26%,远高于其他厂商。

未来,华为将持续保持研发的高投入,预计每年的投入规模都将在100亿~200亿美元。

有的人说华为的成功来源于狼性的企业文化。确实,外界对华为的最初和最深刻印象就是华为的狼性企业文化。

在华为的发展历程中,华为的创始人和领导者任正非可以说是华为狼性企业文化的缔造者,他认为做企业要像狼一样,员工要有敏锐的嗅觉,要有不屈不挠、奋不顾身的进攻精神。

任正非领导的华为公司，正是凭着这种狼性文化，百折不挠，披荆斩棘，在强手如林的国际竞争中，闯出一片广阔的天地，成为通讯设备行业的翘楚。

作为一名在华为从事战略管理的前员工，我亲历了华为的高速发展，也见证了创造这奇迹增长背后的艰辛和智慧付出。如果让我来说说华为的成功秘诀，我更愿意认为华为的成功是赢在战略。更准确地说，华为的成功是建立在一套科学的战略管理体系上。

战略管理是企业所有经营活动的统领，战略管理包括战略的制定、战略的执行、战略执行效果的评估和优化，在企业中是一个周而复始的过程。

战略对于一个企业的重要性毋庸置疑，而战略的落地实施又需要企业有强大的战略执行力。既擅长制定战略又懂得战略执行的企业却少之又少，华为就是这为数不多的企业中的一个。

华为的战略举个形象的比喻就是"针尖战略"，就是企业一旦确定了战略机会点，就敢于集中所有优势资源进行高强度的投入，就好像将万千压力集中到针尖一样大的点上，则没有什么是扎不穿、捅不破的。华为的"针尖战略"的特点简单地说就是要"看得准""扎得狠"。

"看得准"就是要对纷纷扰扰的各种机会进行准确的洞察和评估，确定战略机会点，也就是对企业最有价值的机会点；"扎得狠"就是敢于将优势资源高强度地投到战略机会点上，快速构建竞争优势，实现机会到收入的转换，而能做到"看得准""扎得狠"就需要将高超的战略规划能力和迅猛的战略执行能力合二为一。

这种既擅长战略规划又懂得战略执行的企业，一般具有三个典型特征：

首先，是战略的选择与坚守。在这个复杂多变的时代，许多企业都追求机敏灵活，强调对外部改变做出快速回应，这就导致企业的战略定位、经营理念和经营举措会经常发生改变，其结果是企业没有时间积累能力，难以培养持久的竞争优势，最终这些企业都沦为平庸的、随波逐流的机会主义者。

相反，那些像华为一样既擅长战略规划又懂得战略执行的企业，往往善于保持一定的战略定力，他们会精心选择自己擅长的业务领域，一旦选定，就无怨无悔，忽视其他一切诱人的机会，扎扎实实、做深做透，不断培养与之相匹配的能力，形成核心竞争优势，最终成为这一业务领域的王者。而那些机会导向型企业，只顾追逐热点机会，忽视了能力体系的打造和积累，资源也很难聚焦，什么都浅尝辄止，终究形成不了自己的长久核心竞争优势，最终为市场所淘汰。

执行能力的建设非一日之功，正如华为所说的"板凳要做十年冷"，没有十年如一日的执着和坚守，哪能换来流芳百世的功名与成就。

30年来，一系列诱人的机会摆在华为面前，做房地产，做金融，做互联网，华为都不为所动，执着专注于通讯设备领域，集中优势资源打造自己的研发和营销服务能力，终于在通讯设备领域奠定了自己的王者地位。

因此，一个企业的战略保持相对稳健，这个企业聚焦的市场将是长期有利可图的，同时企业也有时间构建持久获利的竞争优势。

其次，要将战略融入到每个员工的工作中。 华为常说"九牛之力出于一孔"，每个员工的工作都要与集团的战略保持高度一致。所有员工心往一处想、劲往一处使，每个员工的力量汇聚到一起，华为有十八万员工，汇聚到一起的力量该是多么强大。

如何使员工的工作与企业的战略保持一致，这就需要一套科学的战略分解落实机制和方法，包括全面预算管理、工作任务分解、绩效考核等一系列的战略和业务运营管理制度和机制，许多工具和方法在实践中已经非常成熟。

许多企业认为绩效管理没有用了、KPI考核（Key Performance Indicator的缩写，指的是关键绩效指标考核法）没有用了，甚至很多互联网科技企业都取消了绩效管理和KPI考核。

其实没有不好用的管理工具，只有不会用和用不好的管理者。

华为有一套独创的战略解码方法论和工具，在行业内也很有知名度，通过战略解码这套方法将企业的战略目标、经营策略层层分解落实，形成每一个部门、每一位员工的工作目标和工作任务，使人人有指标、事事有人干，压力和任务层层分解和落实，同时加持科学的绩效管理制度和薪酬激励制度，最终使员工个人的小胜积累转变成为整个企业的大胜。

最后，要有与战略相匹配的企业文化。 企业文化没有绝对的好坏和优劣，关键是要与企业的战略相适应。企业文化是企业战略运营的环境与土壤，与企业战略相适应的企业文化就如同催化剂，可以极大地推动企业战略的高效执行；与企业战略不匹配的企业文化就如同腐蚀剂，最终会使企业战略执行变得七零八落，终将彻底瓦解企业战略。

许多企业都想学华为的狼性企业文化，却不知道狼性的企业文化究竟适合不适合自己的发展战略。

华为的狼性企业文化产生和形成是有其背景的，华为的产品主要是通信设备，主要客户是电信公司，营销模式是典型的大客户营销模式，每单的价值低则几十万元，高的有十多亿元。

在产品技术水平和价格一定的情况下，关键就要靠市场人员的营销服务能力。

华为面对的是竞争极为激烈和残酷的市场，不仅有国内企业，更有许多国际巨头，而且，华为发展初期采取的农村包围城市的策略，工作环境非常艰苦、恶劣，甚至是危险。

俗话说，狭路相逢勇者胜！残酷的市场锤炼了华为敢打敢拼的性格。

同时，通信设备产品的销售是一个复杂的过程，需要前端的销售人员、客服人员和后端的研发人员密切协作，因此华为养成了"胜则举杯相庆、败则拼死相救"的团队作战文化。

狼是要吃肉的，通信设备产品较高的毛利率也有条件让华为为员工提供较高的薪酬待遇，让员工的辛苦付出有对等的回报。

华为2017年年报显示，当年其发生的雇员费用为1402.85亿元，华为人均的年薪约为70万元，比2016年增加了10万元！更为重要的是，企业文化说到底是企业创始人的文化，企业文化深深地打下了企业创始人的性格烙印。

如果说华为是一群狼，那么华为的创始人任正非就是头狼，任正非曾经说过："我若贪生怕死，何来让你们去英勇奋斗。"任正非已经70多岁了，依然出现在亚非拉等国家艰苦地区的市场一线。

其实简单地将华为的企业文化称为狼性文化也非常片面，1998年，华为正式颁发了纲领性文件《华为基本法》，将华为的企业文化、价值观、经营理念进行了系统梳理，明确提出了企业与客户、员工、社会的关系，将华为企业家的意志、直觉、创新精神和敏锐的思想转化为成文的公司宗旨和政策，建立了华为处理、管理基本矛盾和内外重大关系的原则和优先次序，指导华为的组织机构、业务流程和管理制度建设，将华为的企业文化深深地融入到具体的管理制度、管理流程中，形成了高效的战略执行文化。

因此，华为的成功不能简单说是研发、营销、企业文化等某一个点上的成功，而是以战略管理为统领的各个管理职能板块协同运作的成功。

二、如何学习和借鉴华为的成功？

华为的战略管理有什么特点，华为的战略管理能不能为中国大多数企业所学习和借鉴？

华为的战略管理使华为从一个胜利走向另一个胜利，靠的是背后有一套规范的战略管理体系。

我在这里将之称为"三位一体"的战略管理体系，这套战略管理体系是华为的战略管理工作30年来不断优化、提升改进的工作成果，同时也是众多管理咨询公司智慧的总结和付出，可以说是全球知名管理咨询公司的研究成果与全球著名企业实践的最佳组合。不同企业的发展战略、经营思想和战略举措可能存在很大的差异性，很难模仿和借鉴，但是企业的战略管理方法和制度，将战略规划与战略执行有效融合的手段和机制是可以学习和借鉴的，本书就是在解码华为"赢在战略"这一事实背后的华为独特的"三位一体"的战略管理体系。

华为的"三位一体"的战略管理体系主要由三部分构成：第一部分是战略指导思想；第二部分是制订战略规划的框架和方法论；第三部分是对战略执行进行管理和监控的战略管控机制。这三者之间构成一个战略管理的有机生命体。

战略指导思想是指导战略制定和实施的基本思想与观念，是整个战略管理体系的灵魂，它贯穿战略管理活动始终，对寻找战略机会点、确定战略目标和制定战略措施具有十分重要的意义。

华为的战略指导思想充分借鉴了美世管理顾问公司的前全球副总裁亚德里安·斯莱沃斯基在相关著作中提出的利润区、利润转移、客户经济学等理论和思想，华为将这些战略指导思想统称为"价值驱动商业设计"理论，英文简称VDBD，用这些理论来指导企业管理者洞察产业发展趋势，掌握利润转移的规律，落实最有价值的价值链环节，借此确定企业的战略定位和战略目标，解决了我前面提到的华为"针尖战略"中"看得准"的问题。

战略规划框架和方法是一套华为用来制定企业发展战略的模型和工具，就是在战略思想的指导下，华为的企业管理者可以通过这套模型和工具高效地制定企业的发展战略。

华为的这套战略规划方法叫作BLM，翻译成中文叫作商业领导力模型，BLM来源于IBM公司，随着IBM的不断推广，这套方法现在有了流行之势。BLM战略规划方法论是IBM公司动用几十位顶级的管理专家吸纳当时可以找到的业界在战略管理方面的最佳实践，把这些最佳实践有机整合在一起，提炼出关键点，把业界关于战略管理的智慧全部固化下来，形成一个很简练的制定企业发展战略的框架模型。

这个模型的价值就是将战略规划的思路和步骤模块化，一个模块和一个模块之间有着非常精密和完善的逻辑，每个模块都呈现了战略规划的一些思考点，从而使企业制定战略规划的过程变成问题思考和解答的过程。

这个模型最主要的目的是使那些没有接受过系战略管理教育的中高层领导和战略规划人员在战略思想的指导下，依据BLM模型的指定动作，一步一步将企业的发展战略制定出来。

BLM战略规划方法论同时起到统一公司战略语言的作用，使企业所有的管理者在讨论战略的时候，语言统一了，理解一致了，中层能理解高层，下层能理解中层，战略意图得到统一，战略举措理解清晰，万人才能如同一人，九牛之力才能出于一孔，才能产生强大的执行力，企业的经营才能越来越接近成功。

此外，BLM战略规划方法论更为强调战略的执行，它将战略制定与战略执行提升到同样重要的地位，通过模块的设计，使管理者在制定战略的时候就考虑到执行的问题，很好地解决了战略设计与战略执行难以融合为一的问题。

许多企业都喜欢将自己未来几年的发展战略规划委托外部的专业机构，如管理咨询公司来制定，这其实是不可取的，而企业之所以这么做，主要原因是企业内部缺乏战略规划的专业人才，只能假以人手。

而有了BLM战略规划方法论，就可以帮助企业管理者审慎地识别自己企业所处的环境，发现机遇和挑战，科学高效地制定出真正符合自己企业的战略发展规划报告。

战略管控机制是一套流程管理机制，华为用流程的方式对战略管理活动进行管理，这个流程叫作开发战略到执行流程，英文简称为DSTE流程。

DSTE流程是华为制定企业中长期战略发展规划、年度业务计划与预算、执行战略并监控评估的一个统一的流程框架和管理体系，保证公司和各业务部门的中长期战略目标与年度计划、资源预算的一致性，确保企业各业务部门协调一致。

DSTE流程指导企业管理者持续构建稳定和可持续发展的业务，帮助管理者管理各项产业投资组合，支撑公司战略与业务目标的实现。

通过流程的方式从制度上保证公司相关部门在战略管理活动中的分工与协作，从而避免了战略管理活动成为企业战略部门一个部门的活动，避免为战略而战略，避免了战略规划与战略执行的脱节，使公司的运营始终保持在战略规划的方向上。

华为的三位一体的战略管理体系使战略管理形成一个常态化的全生命周期的企业经营活动，使战略管理如同企业的财务管理、人力资源管理、生产管理一样成为一个常态化的管理职能，使企业的战略管理职能真正发挥作用，能够随着企业的发展，周而复始地运行下去。

不同优秀企业的发展战略定位、发展目标和经营举措可能存在很大的差异，但背后的战略管理指导思想、战略规划方法、战略执行管理流程和机制是相似的,具有学习借鉴、推广传播的价值和意义。

本人作为华为从事战略管理的前员工,非常渴望能够将自己在战略管理工作中学习和感悟到的战略管理思想、体系、方法和工具进行总结和归纳,分享给更多的对华为感兴趣、对华为战略管理感兴趣的企业管理者,希望华为独特的"三位一体"的战略管理体系,能为更多的企业管理者提升战略管理工作水平、实现企业战略发展目标提供一些参考和借鉴,期待中国可以成长起来更多像华为一样的企业。

三、这本书想告诉你什么?

本书用了四部分的内容对华为"三位一体"的战略管理体系进行了系统的阐述:

第一部分是概述,对华为"三位一体"的战略管理体系进行了简单的介绍,对华为的企业发展历程和战略管理体系的发展演进过程进行了说明,可以帮助读者对华为"三位一体"的战略管理体系有一个快速的了解,激发阅读的兴趣。

第二部分用了较多篇幅对华为"三位一体"的战略管理体系中的战略指导思想进行了详细介绍,采取理论知识和案例相结合的方式,对利润区、利润转移、客户经济学、赢利模式、业务设计等战略管理思想进行了说明,帮助企业管理者快速提升战略管理理论水平。

第三部分对华为"三位一体"的战略管理体系中的战略规划方法论进行了详细介绍,帮助企业管理者在战略指导思想的指引下,灵活应用战略规划方法，科学高效地形成企业自己的战略与执行相协同的中长期战略发展规划报告。

第四部分对华为"三位一体"的战略管理体系中的战略管理监控机制进行了介绍，帮助企业建立自己的战略管理体系，确保对企业战略规划的有效落地实施，实现战略管理闭环，确保战略目标的实现。

本人在写作这本书时，查阅了大量的资料，感谢互联网时代的分享精神，许多华为的老员工在互联网上分享了大量关于华为战略管理体系的文章和资料，对于本书的完成大有裨益，在此表示衷心的感谢。

同时，本人请教了许多华为的老领导和老同事，毕竟像华为这样大的一家企业，每个员工都有自己的业务领域和工作分工，很难对华为的战略管理体系有通盘了解的同时又对具体的操作细节了如执掌，这些老同事和老领导都对本人进行了悉心的指导，在此也一并表示衷心的感谢。

由于作者水平有限，很难将华为战略管理体系的恢弘大气和深刻内涵全情展现和深入剖析，也由于篇幅有限很难将华为战略管理的精彩案例一一收录，不足之处，敬请读者谅解，再加之本人离开华为已有数年，随着华为的快速成长，其战略管理体系也在不断完善升级，可能现有的战略管理体系与本文所提出的华为独特的"三位一体"的战略管理体系相比会有变化。

书中种种不足之处，希望读者朋友在阅读过程中给予批评和指导。

李冠辰

2019年夏日于北京

第一部分

华为的战略

PART 1

在企业经营管理中，战略管理是一个非常重要的职能，规模较大的企业一般都会设置战略管理部门。即便如此，不同企业的管理者对战略管理可能会有不同的理解，对于一些与战略相关的词汇可能会有自己的定义。因此，为了便于读者理解，在介绍华为的战略管理体系之前，有必要先对一些与战略相关的词语和概念做一个简单的定义和解释。

在这本书中经常出现的几个与战略相关的词语，分别是战略、战略管理、战略管理体系，这几个词看似相近，其实意思有很大的不同。

战略是名词，是企业为了实现未来长远目标而制订的一套战略规划和行动计划，因此战略也称为发展战略、战略规划、企业战略规划、战略计划等，由于是企业对未来一段时间的战略规划，所以也叫企业中长期战略规划。

这个中长期一般是三年或者五年，国内大部分国有企业是依据国家的五年计划来制定自己的企业战略的，所以国有企业制定的一般都是未来五年战略规划，也有许多企业制定的是未来三年的战略规划。

无论是未来三年战略规划还是未来五年战略规划，都需要在三年或者五年的规划期中的每一年进行评估和修改，所以未来三年或者五年战略规划在许多企业又叫作未来三年或者五年战略滚动规划，就是每一年都要制定未来三到五年的战略规划，每年都向后一年滚动一次。

在许多管理体系比较规范的企业，这个战略规划是以正式的方式落在纸面上，形成文件和报告，这就是战略规划报告；而在一些管理不成熟的企业，战略规划也可能是以非正式的方式存在于企业领导者的脑海中，这些企业虽然没有成文的战略规划，但是不能说企业没有战略，企业管理者依然对未来发展有所思考有所筹划，只是未必习惯或者能条理清楚地落实到纸面上。

战略管理是动词，是企业围绕中长期战略规划这件事所开展的一系列管理活动，如制定战略规划、推动战略执行、对战略执行过程进行监控、对执行效果进行评价，等等，最终是要通过战略管理达成战略目标。

战略管理体系是名词，是企业为保证战略管理活动有序、有效地开展而制定的一整套管理办法和运行机制。

如果这三者之间有必然的关系，我认为是一种包含的关系，战略管理体系包含战略管理，战略管理包含战略，因此，战略管理体系是一个更宽泛、更大的概念。

企业的战略管理职能更应该是一个常态化的管理职能，企业制定战略的过程可以以一个项目的形式开展，这也是为什么许多企业都将战略制定工作以项目外包的方式交给管理咨询公司去做，而企业的战略管理一定是企业自身的事情，这是无法外包的，企业的战略管理活动一定是在一个既定的战略管理体系中运行。

因此，对于企业而言，战略管理体系是企业战略管理的基础和根本，是企业战略管理赖以生存的土壤，一个企业如果没有战略，就没有未来，但一个好的战略的形成和高效执行，需要一个科学的战略管理体系去保障，因此，战略管理体系是企业战略管理活动的前提和基础。

谈及企业的战略、战略管理，就不能不谈企业的战略管理体系，一个企业的战略管理体系缺失或者不健全，企业的战略和战略管理就如同无源之水、无本之木，战略也就无从谈起。

因此，与其说一个企业的成功是因为战略，倒不如说是因为战略管理体系，一个优秀企业的战略可以被模仿，但这个企业的战略管理体系是很难模仿的，就如同一个畅销的产品是可以模仿的，但是源源不断地产生一系列畅销产品的机制是很难被模仿的。

第一章　华为的战略管理体系

一个科学的战略管理体系，至少由三部分构成：第一部分是战略指导思想，第二部分是战略规划的方法论和框架，第三部分是对战略执行进行管理和监控的战略管控机制。这三者之间构成一个战略管理的有机生命体，我把它称为"'三位一体'的战略管理体系"。

如果将战略管理体系比喻为一个人，战略指导思想就是人的大脑，指挥着人体的各种活动，而战略规划方法论就相当于人体的四肢，具有很强的能动性，通过战略规划方法形成企业的中长期发展战略规划；而战略管控机制相当于人的组织系统，它保障人体日常的新陈代谢和织组运转，使人体能够长久地生存下去。

对于企业而言，战略管理体系可使企业的战略管理职能真正发挥作用，使战略管理如同企业的财务管理、人力资源管理、生产管理、营销管理一样成为一个常态化的管理职能，使企业战略管理形成由目标设定、分解落实、执行、评估、优化修订等工作构成的管理闭环，使战略管理活动能够随着企业的发展，周而复始地运行下去。

华为的战略管理体系就是这样的一个"'三位一体'的战略管理体系"，或者说当初华为就是按照这样的一个模型设计了自己的战略管理体系。

华为的战略管理体系的建设离不开国际知名管理咨询公司的帮助，华为也为此投入了巨额的成本。这其中，美世管理顾问公司、IBM等公司对华为战略管理体系的形成发挥了很大的作用。

在华为的战略管理体系中，无论是战略指导思想、战略规划的方法论，还是推动战略执行的管控机制都可以看到美世、IBM等咨询公司的影子，后面我们会在相关章节进行专门介绍。

下面我们将重点介绍一下华为的"三位一体"战略管理体系的内容和特点。

第一节　战略指导思想

战略指导思想是指导战略制定和实施的基本思想与观念，是整个战略管理体系的灵魂，它贯穿战略管理活动始终，对寻找战略机会点、确定战略目标和制定战略措施具有十分重要的意义。

当前最主要、最基础的战略指导思想非迈克尔·波特的"竞争战略三部曲"莫属，许多的战略指导思想都是建立在迈克尔·波特的"竞争战略三部曲"之上，因此，迈克尔·波特的"竞争战略三部曲"是最基础的战略指导思想；此外，基础的战略指导思想还有经济学、管理学、军事战略学的一些原理和理论。

在这些普遍和基础性的战略指导思想之上，对华为产生深远影响的战略指导思想，或者说华为在制定企业战略时主要依据的指导思想有四个，它们分别是利润转移理论、赢利模式、客户经济学理论、业务设计理论，这几个战略指导思想基本上都是美世管理顾问公司的研究成果。

美世管理顾问公司是全球著名的人力资源和战略管理咨询公司，2000年左右，美世管理顾问公司的全球副总裁亚德里安·斯莱沃斯基出版了一系列著作，对这些理论进行了集中和系统的阐释。

美世管理顾问公司在给华为提供管理咨询服务时，也深深地将这些指导思想带入华为，成为华为战略管理体系的核心指导思想。在华为内部将这些战略指导思想统称为价值驱动商业设计理论，英文简称为VDBD，我们先在本章节做一个简要的介绍，在后面章节还会花费较大的篇幅进行详细的介绍。

一、利润转移理论

利润转移理论的叫法有很多，例如也可以叫作价值转移。

在没有进华为之前，我曾在某咨询公司工作过一段时间，在这个咨询公司内部，将这个理论叫作"利润漂移模型"，一个听起来很酷的名字，管理界和咨询公司喜欢玩概念，其实都是一个意思。

利润转移理论最核心的观点有两个，一个是利润区，另一个就是利润转移。

利润区观点认为，在整个行业所属企业的利润总和持续稳定或不断增长的情况下，利润在行业的价值链的不同环节之间的分布是不同而且是变化的，利润在价值链处于相同环节但采取不同经营模式的企业之间的分布也是不同而且变化的，利润在同一环节和采取相同经营模式的不同企业之间的分布也是不同而且变化的；总之一句话，在一个行业里，不同企业之间的利润差异是很大的。

举一个简单的例子，以目前的智能手机行业来说，行业主要利润都集中到芯片制造商和应用软件开发商手中，而智能手机的生产商的利润是最低的；而在众多的智能手机厂商中，利润又极端地集中到苹果公司这一家，这就是利润区的观点，也可以看作是利润在产业链条上分布的二八原则。

利润转移的观点认为，利润在产业链的不同环节的分布会发生变化，就好像利润在不同环节会发生转移，这种利润转移有一定规律和趋势，从历史发展来看，越来越多的利润从产品的制造环节转向销售环节，再从销售环节转向服务环节，还有相当多的利润正在从制造环节转向核心部件的研发、设计、生产和供应环节。

简单来说，利润从价值链的生产装配领域转向上下游的核心部件供应和外围服务领域，从产品实体的价值传递领域转入产品和服务组合的综合价值传递领域，这是客观规律和产业发展趋势。

利润转移理论旨在揭示，在一个行业内部，利润会发生转移，这是行业发展的大势，而不以企业的意志为转移。

利润转移的方向是不可改变的，而企业需要洞察和预测的是利润转移的时机。

因此，企业在制定战略时就要洞察这种趋势，顺应利润转移的方向，预测利润转移的时机，而提前在未来利润最丰厚的环节进行能力布局和资源投入。

利润转移理论使企业的战略规划和设计形成了一个非常理性的"预测""定位""设计"三部曲，因此，优秀的企业管理者往往都是一个预测家和资源整合者的组合体，他能够基于以往的从业经历，借助相关分析工具和方法，深刻洞察产业的发展变化和利润转移趋势，预测未来对企业最有价值的产业地位，通过对自身能力的深刻评判，为自己在未来的产业链条上寻找最适合的环节，并且提前进行资源的布局和能力的构建，从而在未来水到渠成般地占据最有利的利润环节。

换一个说法，优秀的企业管理者就如同迁徙的候鸟一般，顺着季风的方向，总能找到水草丰美的栖息地。

二、赢利模式

利润在一个行业内部会发生转移，如果我们可以准确预测未来利润最丰厚的环节，那么紧接着的问题就是如何获取那个环节上的利润。

这就引出了战略指导思想的第二个理论——赢利模式，赢利模式就是企业获取利润的方式。

在美世管理顾问公司全球副总裁亚德里安·斯莱沃斯基出版的相关著作中，关于如何获取利润有详细的阐述。美世管理顾问公司研究了40多个行业200多家实力雄厚的大型企业和刚刚成立的初创企业，总结出获取利润的36种模式,这些赢利模式分别为:价值链分拆模式、价值链挤压模式、价值链修补模式、价值链重新整合模式、客户转移模式、微型分割模式、权利转移模式、重新定位模式、渠道倍增模式、渠道集中模式、渠道压缩/无中间商模式、配电盘模式、区域领先模式、稀缺资源占有模式、寄居蟹模式、资源整合模式、创业家模式、经验曲线模式、从产品到客户知识模式、从经营到知识模式、从知识到产品模式、走为上模式、趋同模式、行业标准模式、技术改变格局模式、技能转移模式、从金字塔到网络模式、基石建设模式、数字化业务设计模式、从产品到品牌模式、卖座大片模式、利润乘数模式、产品金字塔模式、客户解决方案模式、速度创新模式和售后利润模式。这些模式又可以分为八大类,分别是:价值链模式、客户模式、渠道模式、资源模式、知识模式、巨型模式、组织模式、产品模式等。

赢利模式的战略指导思想旨在帮助企业管理者扩展经营思维方式,打破常规化经营思路,结合自身特点,寻找一条符合企业自身发展特点的赢利模式,走一条差异化的经营路线。

后面章节我们会结合相关案例,对其中的重要赢利模式进行详细讲解。

三、客户经济学

所有的赢利模式都围绕一个核心,那就是客户。

无论有多少种赢利模式,利润最终还是来源于客户,因此,有必要深入研究客户,客户经济学就是研究客户的一个理论。

依据一般市场营销学的定义,客户经济学等同于顾客让渡价值,顾客让渡价值就是总顾客价值与总顾客成本之差。总顾客价值等于产品价值、服务价值、人员价值与形象价值之和，而总顾客成本等于货币成本、时间成本、精力成本与体力成本之和。

简言之，客户经济学就是研究如何通过发现客户需求、满足客户需求，从而实现企业利润的最大化。

客户经济学要求企业必须站在客户的角度了解客户购买企业产品的真实意图以及在此基础之上所付出的所有成本，这些成本包括购买企业的产品与服务支付的货币，客户在使用这些产品时发生的使用费用，客户为存储这些产品所发生的存储费用和处置费用，客户为购买企业的产品而花费的时间，以及为熟悉使用方法所花费的学习时间等，还有客户在使用企业产品的整个过程中必须承受和付出的困扰，等等。

客户经济学是从企业的产品和服务而延伸和拓展出来的比企业的产品和服务更大的系统理论。

对于企业而言，企业的利润不仅来源于企业的产品，如果企业的产品和服务能越深入地渗透到客户整个经济系统中，那就意味着企业获取的利润越多，因此，客户经济学的理论有助于创新企业的产品和服务，使利润最大化。

事实情况是，大多数客户不知道自己的系统经济学，这对于企业而言是一个极好的消息，可以帮助企业通过产品和服务的创新获得巨大的商机。

企业可以从客户经济学的分析中获知客户的潜在价值需求，然后再通过业务设计的创新来满足这种需求，从而获得高额回报，进入真正属于自己的利润区。

对于企业而言，客户经济学就是要实现企业经营观念上的根本性改变，要从以前以产品为中心，以追求市场占有率为目标的经营理念中走出来，真正做到以客户为中心，以追求利润为目标，在自己的利润区把市场份额做大，并且要不断地对市场进行反省：企业现在所处的市场是处于无利润区、低利润区还是高利润区，企业现有的产品和服务在客户整个经济系统中所占据的地位。

企业只有根据市场情况进行不断的创新，才能使企业永远处于高赢利区间，才能持续性发展，才能做到基业长青。

四、业务设计理论

最后一个理论是企业设计理论。企业设计很容易让人误解为是企业形象设计，所以我们不妨称之为业务设计或者企业商业模式设计，为了与赢利模式有所区别，我们这里叫业务设计。正如同产品设计一样，业务设计理论是站在企业自身角度设计一套商业运作系统，这套商业运作系统就像一台利润制造机器，企业通过整合各种资源和要素形成一个利润生产体系，源源不断地产生利润。

如何设计一个成功的商业模式？

美世咨询顾问公司出版的相关著作中谈到，一个公司的业务设计要重点关注四个方面的战略要素：客户群的选择、价值的获取、战略控制和业务范围。

客户群的选择就是企业要明确：谁是我的目标客户，企业应该从谁的口袋里掏钱，客户到底喜欢什么，有什么偏好，企业才能对症下药。

价值的获取是指针对企业的目标客户的需求和偏好，企业要给客户提供什么样的产品和服务，只有卖掉这个产品和服务，企业才能获得收入和利润，在这一点，业务设计理论很好地利用了客户经济学中的相关理念；此外，价值的获取特别强调企业要站在客户经济学的角度去设计自己的产品和服务，要将这作为差异化的一个重要内容，给客户一个"不买别人的，只买我的产品"的坚定的理由。

战略控制是指企业与提供类似服务的其他企业相比所具备的独特的竞争优势点，也可以理解为企业抵抗其他竞争对手所构建的竞争壁垒和护城河。

业务范围强调企业在整个产业链上的布局，企业在产业链上的定位必须有所取舍，以保证将最具优势的资源投入到最有价值的环节，从而保持绝对的竞争力。

上面这些理论大部分都是美世管理顾问公司总结的，从中我们可以看出美世管理顾问公司进行战略规划的一些思维逻辑，这个逻辑就是前面我们提到的"预测""定位""设计"战略规划三部曲。

企业制定战略的前提是要对整个产业环境进行分析预测，清晰描绘和勾勒出未来产业的远景，洞察行业不同环节未来的利润丰厚程度；其次，是基于自己的能力现状和长远发展愿景确定企业在整个行业价值链条中的定位，包括要立足于哪个环节，这个环节的利润的多少和薄厚，自己在这个利润区中所处的行业地位和战略目标；最后，是企业对生产经营模式进行设计，整合相关资源，最大限度地去收获这个环节上的利润，实现自己的战略愿景。

后面章节将对这些理论进行深入的介绍，并探讨这些理论是如何指导企业的战略管理活动的。

第二节　战略规划方法

战略规划方法是一套用来指导企业管理者制定企业中长期发展战略的工具和方法。在战略思想的指导下，企业的管理者通过一系列方法和工具高效地制定企业的中长期发展战略。

华为的战略规划方法叫作商业领导力模型，英文简称BLM模型，这个模型来源于IBM公司，从这个中文名字可以看出华为或者IBM制定企业中长期发展战略的一些原则和理念。

一、BLM模型体现的战略管理理念

第一，华为强调战略管理是不能被授权的，战略管理是企业中高层管理者的一项重要管理职能。

战略管理能力是衡量企业中高层管理者领导能力的一个重要维度，企业中高层管理者必须亲自参与企业战略的制定和执行的全过程。

在华为，企业中长期发展战略的制定基本上是一个中高层管理者全员参与的重要工作，而企业的战略部门更多地发挥着组织、协调和具体操作层面的作用。

第二，既然企业所有的中高层管理者都要参与企业发展战略的制定

工作，如何迅速提升大家的战略规划水平，使战略规划工作高效有序地进行？让这些中高层管理者回炉重炼从头学习企业战略知识是来不及了，也没有必要，为此IBM公司为华为输入了BLM模型。

BLM模型是IBM公司动用几十位顶级的管理专家，会同哈佛大学的战略管理专家进行深入研讨，吸纳他们在这之前可以找到的业界在战略管理方面的最佳实践，把这些理论和实践有机地整合在一起，提炼出关键点，把业界关于战略管理的智慧全部固化下来，形成的一个很简练的制定企业发展战略的框架。

这个框架的价值就是将战略规划的思路和步骤模块化，一个模块和一个模块之间有着非常精密和完善的逻辑，每个模块都呈现了战略规划的一些思考点，从而使制定战略规划的过程变成问题思考和解答的过程。

这个模型最主要的目的是使那些没有接受过具体战略管理教育的中高层管理者和战略规划人员在战略思想的指导下，依据BLM模型的指定动作，一步一步将战略规划制定出来。

BLM模型并不是IBM公司为华为量身定制，在导入华为之前，已经在IBM企业内部成功实践许多年，IBM公司也积极将BLM模型推荐给中国的企业。

我们看到，IBM公司在许多管理咨询和培训的场合，向客户隆重推荐BLM模型，也得到国内许多企业的认可，因此，BLM模型在国内有一大批实践者，华为就是一个坚定的BLM的信仰者和忠实执行者。

第三，BLM模型起到统一公司战略语言的作用。对于一个有着近18万员工的华为来说，如果在讨论战略、讨论企业发展方向性的事情时，在语言上不能做到规范统一,那将是非常危险的。而BLM模型就像磁铁一样,在大家不断练习、不断地使用之后,所有的人在讨论战略的时候,语言统一了,理解一致了,中层能理解高层,下层能理解中层,战略意图得到统一,战略举措理解清晰,万人才能如同一人,九牛之力才能出于一孔,才能产生强大的执行力,企业的经营才能越来越接近成功。

第四,BLM模型更为强调战略的执行,其实这也是IBM公司对过去失败经历的一个深刻的总结和反省。

IBM公司并非常胜将军,也有一段悲惨的过去,经营业绩出现崩溃性下滑。在走出低谷后,IBM公司进行了深入的总结和回顾,不断分析失败的原因,其中最为重要的几个原因包括:一是官僚化,决策机制效率低;二是对客户声音的淡漠;三是缺乏对战略管理过程和结果的回溯。

IBM公司根本就不缺制定战略的专家,但是由于上述原因,很多战略没有被正确地执行,导致事情想得很美好,但最终没有能够变成期望的结果。而BLM模型就是IBM公司对这段失败历史进行反思而开发出来的战略管理工具,它将战略的制定与战略的执行提升到同样重要的地位,很好地解决了战略制定与战略执行的问题,这对于提倡执行文化的华为来说是很有吸引力的,也是华为选择IBM公司的BLM模型作为自己战略规划工具的一个重要原因。

二、BLM模型的内容

BLM模型包括11个模块,分别是差距、领导力、价值观、战略意图、市场洞察、创新焦点、业务设计、关键任务与依赖关系、组织、人才、氛围与文化；其中，差距、领导力、价值观是基础模块，战略意图、市场洞察、创新焦点、业务设计属于战略设计模块，关键任务与依赖关系、组织、人才、氛围与文化属于执行设计模块，如图1-1所示。

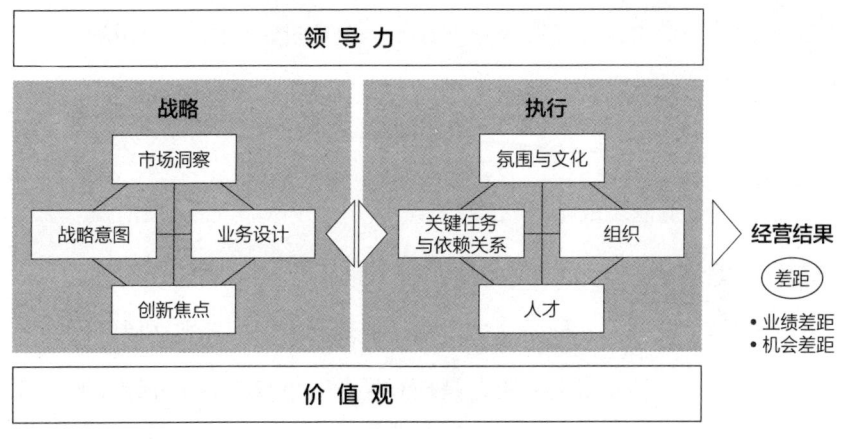

图1-1　BLM模型

单独看这11个模块，从事过战略管理的人都觉得比较熟悉，觉得没有什么高明之处。其实BLM模型在战略管理理论方面没有什么特别的创新之处，它只是IBM研究了各家战略管理理论和方法之后，对战略规划方法进行精选，然后进行了重新的排列组合。

然而，BLM模型的价值就在于将这些模块进行了重新的组合，从而使战略规划的思维逻辑过程更为清晰和严密。

这11个模块经过重新的排列组合后，形成一个框架，使战略规划的工作过程像一台精密运行的机器。整个制定战略规划的机器由差距模块牵引，差距就是理想与现实的距离，差距是动力源，而领导力、价值观两个模块像是机器的框架和底座，是战略和执行的约束环境；左边的战略设计部分像是个齿轮，战略意图、市场洞察、创新焦点、业务设计四个具体的模块像是齿轮上的四个轮齿；右边的执行设计部分也像一个齿轮，关键任务与依赖关系、组织、人才、氛围与文化四个具体的模块也是齿轮上的四个轮齿。差距模块就像是一个电机，牵引着战略四个模块转动，进而带动执行四个模块的转动，最后整个BLM框架有条不紊地运作起来。

这正如企业制定战略规划的工作逻辑，制定战略规划的起点是差距，差距引发了不满意和不满足，战略是由不满意和不满足激发的。

差距又分两种，一种是业绩差距，是现有经营结果和期望目标值之间的差距；另一种是机会差距，是现有经营结果和新的业务设计所能带来的经营成果之间的差距，简单地说就是现有的商业模式所实现的经营业绩和采取另外一种新的商业模式可能实现的经营业绩之间的差距。业绩差距常常可以通过有效的执行来填补，并且不需要改变业务设计，而填补一个机会差距却需要新的业务设计。

有些时候，我们经常听人说起，自己已经很努力了，但还是追赶不上别人，这说明你和他之间的差距不是业绩差距，而是机会差距，你需要换一种方式，重新设计自己的追赶模式，才能赶上和超越别人。

领导力模块是根本，华为认为战略思维能力是企业高层管理者必备的一种能力。

高层管理者的领导力培养是通过领导他们的团队进行战略问题和机会的洞察、开展业务设计以及推动项目的执行来实现的，高层管理者对业务结果负责。

因此，高层管理者必须亲自领导战略规划的制定，通过对外部市场的持续洞察、识别新的机会、开发业务设计，并且确保这些战略规划是切实可行的。

价值观模块是基础，华为的价值观是"成就客户、艰苦奋斗、自我批判、开放进取、至诚守信、团队合作"。

华为认为不同的企业价值观对战略的影响是巨大的。作为业务和战略首要责任人的企业高层管理者，要确保华为价值观始终体现在公司的战略上，各级管理者要确保华为的价值观是日常执行中的一部分，华为的价值观是华为管理者决策与行动的基本准则。

为什么许多企业制定出了战略，但是却没有得到很好的执行？一个可能的关键原因就是企业没有形成与之相适应的价值观和企业文化，企业战略说的是一套，而员工心里想的是另一套，企业所想和员工所想是两张皮，上下不同心，企业的战略自然难以执行。

所以，可以认为企业的价值观就是一个筛选机制，它将不认同企业价值观的员工筛除，留下认同企业价值观的人，只有这些人才能很好地理解和执行企业的战略。

战略设计部分包括四个具体的模块，分别是市场洞察、战略意图、业务设计、创新焦点。

其中，市场洞察就是环境分析，环境分析的对象包括市场发展趋势、客户市场、竞争对手、合作伙伴等，华为将其形象地总结为"五看"：看趋势、看客户、看对手、看合作伙伴、看自己。

通过"五看",进而帮助企业发现市场机会。

战略意图就是围绕市场机会明确企业的发展愿景、定位和与定位相匹配的战略目标。

业务设计是战略规划的落脚点,就是在研究如何抓住市场机会,实现战略目标。业务设计涉及六要素:客户选择、价值定位、价值获取/利润模式、活动范围、战略控制和风险管理。可以看到,业务设计模块就是前面谈到的业务设计战略管理思想理论的落地实践,只不过对这个思想理论的实际应用中,BLM模型又做了扩充。

创新焦点是基于内外部新的变化,采取新的商业模式通过创新来构建新的业务组合和新的竞争优势,采取新的资源配置模式来突破常规经营所无法实现的经营目标。简单地说,创新焦点模块就是研究如何通过新的商业模式的设计来缩小机会差距。

执行设计部分也包括四个模块,分别是关键任务与依赖关系、组织、人才、氛围与文化。

关键任务与依赖关系模块中的关键任务是落实业务设计所需要采取的策略和行动,而依赖关系是在回答"哪些任务是由华为来完成的,哪些任务可以由价值链中的合作伙伴来完成,华为与合作伙伴之间应该建立一种什么样的关系"?关键任务与依赖关系是有效的业务设计得以落地执行的关键。

组织设计相当于排兵布阵,为确保关键任务和依赖关系能有效地执行,需要建立相应的组织结构、业务流程、管理机制和考核标准。

人才就是在点兵点将,将合适的人放到组织中的相应岗位上使战略能够被有效执行，员工必须有能力、动力和行动来实施关键任务。

企业文化和氛围体现了组织的价值观和行为方式，有效的组织文化会培养、奖励和强化关键任务的有效执行。

战略与执行这两部分共8个模块是整个BLM模型的核心，我们在此只做简单的介绍，后面章节将详细展开。

第三节　战略管控机制

战略规划只是企业战略管理体系的一部分，战略管理体系是企业一个全生命周期的运营管理体系，贯穿企业始终。因此，战略管理体系确保了战略在企业的经营管理中是一个常态化的管理工作，而不是一个阶段性的项目。

华为的战略管理体系依靠一套流程体系，从而驱动战略规划落地执行，形成一个从计划、执行、检查、优化的管理闭环。这套流程体系叫作"开发战略到执行流程"，英文简称DSTE流程，是华为整个企业经营管理流程体系中的一个，也是非常重要的一个流程。

华为整个经营管理流程体系共有15个，基本上可以分为三大类，分别是运营类流程、赋能类流程和支撑类流程，DSTE流程是赋能类流程中的一个。

DSTE流程是华为制定企业中长期战略规划、年度业务计划与预算、执行并监控评估的一个统一的流程框架和管理体系。

通过流程的方式，使企业的战略管理成为一个正式的常态化的经营管理活动，保证企业及各业务单元中长期战略目标与年度经营计划的一致性，确保各业务单元协调一致，帮助企业构建稳定和可持续发展的业务，管理企业的各项投资组合，支撑企业战略与业务目标的实现。

通过流程的方式从制度上保证企业相关部门在战略管理活动中的分工与协作，从而避免了战略管理活动成为企业战略部门一个部门的活动，避免为战略而战略，避免了战略规划与战略执行的脱节，使公司的运营始终保持在战略规划制订的方向上。

DSTE流程又分为三个子流程，分别是战略规划流程、年度计划与预算流程以及管理执行与监控评估流程。

战略规划流程是制定企业中长期发展战略的流程，在华为内部，这个中长期一般指的是五年。它确定了企业在制定未来五年发展战略过程中如何协调各部门资源，明确各部门在战略制定过程中的分工，主要的工作内容和指定动作，以及在时间节点的控制等，从而避免企业未来五年的战略规划只是由企业战略部门一个部门闭门造车的风险，也体现出战略管理能力是企业中高层管理者的一项重要能力，企业未来五年的中长期战略规划的制定必须由企业中高层管理者亲力亲为的宗旨。

年度计划与预算流程是将战略规划落实到可以执行的年度计划和具体预算的过程。企业未来五年的战略规划如何形成具体的第一年的年度工作计划和财务预算以及输出相应的KPI考核指标，这个流程起的就是这个作用。

因此，这个流程是一个相当复杂而又重要的流程，它将众多部门组织进来，从而使企业战略真正成为一个与所有部门、所有人都利益相关的管理活动。

年度计划与预算流程体现了"战略驱动了重点工作、重点工作引导了预算、预算约定了KPI指标的理念"。管理执行与监控流程是对年度战略执行情况进行管理和监控的流程。

管理执行与监控流程的重点是对重点工作、年度预算、重点战略课题等进行管理和监控,从而最终实现战略管理的闭环。

一般而言,流程代表了两层意思,第一层是表达了一个工作或管理活动的逻辑过程,说明这个工作或管理活动至少是可执行、可以操作的,是日常的、可重复性的;第二层是强调了不同部门在从事同一个工作或管理活动的分工与协作,就是要明确参与流程管理的具体有哪些部门,如何分工协作。

在一个大型企业,由于部门众多、组织结构复杂,如果没有协调好各个部门在战略管理活动中的关系和职责,那简直就是一场灾难。

一个企业有专门的关于战略管理的流程,至少说明,这个企业将战略管理作为一个常态化的管理工作,而不是一个偶然的管理行为。

第二章　华为的战略管理体系起源和发展

大多数企业都有一个由小到大逐步发展的过程，企业的运营管理体系不可能在成立之初就非常科学和成熟，而是在不断的发展过程中逐步完善和成熟的。战略管理作为企业的一个重要职能，当然也是随着企业的发展而不断完善的。

第一节　企业战略管理体系的发展阶段

综观大多数企业的战略管理体系的发展轨迹，基本上都是一样的，一般可以分为四个阶段：战略管理体系空白期、战略管理体系成熟期、战略管理体系僵化期、战略管理体系变革期。

第一阶段是企业的初创期。这个时候企业最高的目标就是生存下去，企业的战略更多的是企业创始人和企业管理者的一种本能的商业直觉和经营管理经验。

这个时候，企业往往没有战略管理体系，有些时候即使有战略部门，也往往发挥不了实际的作用。但不能说这个时候企业没有战略，由于这个时候企业创始人和主要管理者距离市场很近，对市场竞争态势非常了解，对产业的发展趋势有较深刻的理解，再加之企业的业务相对比较单一，内部管理比较简单，因而可能没有落到纸面上的、成体系的战略规划，但企业创始人和主要管理者对企业的未来发展战略会有一定的思考，并就企业的发展愿景和发展目标在内部形成了共识。

在这个阶段，企业还没有形成一个健全的战略管理体系，战略管理工作更多由企业的创始人和主要管理者负责，因此，这个时候是战略管理体系的空白期。

第二阶段是企业的发展期。这个时候，企业进入成长的快车道，收入不断增长，企业规模迅速膨胀，企业可能会进入新的领域，企业人员越来越多，企业的管理层级越来越多、管理幅度越来越宽，仅靠企业创始人和个别几个高层管理者已经很难驾驭这样一个快速发展的企业了，企业呈现科学的管理架构与分工协作，战略管理作为一个重要的管理职能，其作用开始凸显，战略管理体系也逐步成熟和规范起来，职能分工也越来越细，越来越合理，企业有专业的部门去承担战略管理工作，有专门的流程和机制去开展战略管理工作，有专门的评价体系去衡量战略对企业发展的价值，对应的是战略管理体系的成熟期。

第三阶段是企业的发展瓶颈期。这个时候企业会发生规模不经济的状态。随着企业的不断发展，部门林立，企业创业激情减退，企业陷入官僚体系，所有事情的评价不是按合不合理，而是按符合不符合流程和规定。

企业管理开始僵化，这个时候的战略管理体系也呈现僵化状态，战略管理体系成为一个日常运作的机器，看似运转，但效率不高，这就是企业战略管理的僵化期。

随着企业的不断发展壮大，流程体系越来越复杂，决策越来越缓慢，战略管理体系也越来越严密，但也越来越僵化。这个时候企业的战略管理形式更大于内容，甚至成为了摆设。

第四阶段是企业的转型期。很多企业可能没有机会走到这一步就死掉了，许多幸运的企业及时进行企业管理的变革，企业获得了重新的发展，相应的战略管理体系也得到重新的调整和优化，企业又重现勃勃生机。

许多企业往往都是死在了成功的前夜，特别是走过了初创期的企业，在步向成长快车道的同时也加速走向自己的死亡，这往往是缺乏一个成熟的战略管理体系的结果。

据有关机构统计，在我国市场经济发展的早期阶段，例如1998年，当时的700家上市公司中，仅20%有战略规划部门，15%为其他部门代替，55%的公司根本就没有系统的企业发展战略规划，而所谓的战略规划也仅是偶然从公司决策层中产生的。这是上市公司的情况，而在众多的非上市公司中，有战略规划部门的更是少之又少。

许多人可能还依稀记得秦池、飞龙、三株这几家企业，在20世纪90年代，这几家企业可谓是当时的明星企业，企业发展如日中天、辉煌一时，但短短几年，这些企业就如流星一般黯淡隐去、消失不见。

企业成功的原因千千万万，但仔细研究这几个企业迅速衰败的原因，可以发现一些共同特点：

第一，没有系统的企业发展战略。虽然有的企业制定了战略目标，但是缺乏系统严密的战略举措和保障措施，企业的战略目标就如同建在沙滩上的城堡，垮掉是唯一结局。

第二，没有形成独特的、不易复制的、难以替代的竞争优势。这些企业的成功很大程度上是依赖巨大的广告和铺天盖地的营销，产品本身缺乏科技含量，而这种"投钱砸广告"竞争手段极易被竞争对手模仿和超越。

第三，管理体系不健全，特别是缺乏成熟的危机管理意识和危机处理机制。秦池、三株、飞龙的失败表面上看是由于一些偶然的因素，但从深层次分析，偶然事件导致一个庞大企业的垮塌，说明企业内部管理体制不健全，最起码缺乏危机管理意识和危机处理机制。

从以上三家企业的兴衰我们可以看到，企业间的竞争犹如越野赛跑，一个企业要想在长期的竞争中立于不败之地，必须制定出一个立足长远的战略发展规划，形成一个适合本企业的、迥异于他人的独特的竞争优势，以及建立健全战略管理体系，使企业的战略管理活动有序而又高效。

而同样的，许多具有成熟战略管理体系的企业也逐步陷入僵化，为自己的死亡挖掘了坟墓。

2000年时，全球的主流通信设备供应商有朗讯、北电、摩托罗拉、爱立信、西门子、阿尔卡特、诺基亚、富士通、NEC等九家，这些企业许多都是存在了近百年的企业，而当时华为和中兴由于市场份额不大，被归入其他类。

而到了2016年，经过不断的兼并淘汰，最后九家只剩两家，其中诺基亚、阿尔卡特、朗讯、北电、摩托罗拉、西门子合并成了一家公司，加上爱立信、华为和中兴，整个通信设备市场只剩下四家主流企业。

到2017年末，华为的年收入超过了剩下那三家企业的年收入之和。那么之前的那九个主流通信设备企业都是怎么死的？用一句话说，都死于战略。朗讯和北电缺乏对行业发展趋势的预判，在互联网泡沫时期，大肆收购互联网企业，大量以打白条的方式为互联网公司销售设备，等到互联网泡沫破灭，赊的账收不回来，公司一下陷入困境，最后走向破产。摩托罗拉过度自信，忽略了明显的市场信号，对市场未来发展趋势预判错误，在选择数字移动制式和对市场节奏预估上出现重大失误，导致企业一蹶不振，最终被别的企业并购。富士通、NEC等日本公司则整体错过了ICT行业的崛起，其中最重要的原因是国家没有把握住战略机遇，在企业的微观层面，日本企业等级森严的金字塔制度限制了创新。

为什么成熟的大企业也会死在战略管理上？

原因很简单，成功极易将成功的逻辑固化，形成一种制度性自恋，这种难以自知的制度自恋会让企业在创新路径的选择上形成一种明显的偏好，即规避破坏性创新、偏好持续性创新。守株待兔，看似愚蠢，却是大部分企业的经营常态和主要逻辑。

即使像IBM这样的百年企业，回顾其历史，也不乏惊心动魄的危机时刻。IBM的管理咨询顾问在向别的企业推荐其BLM战略规划模型时，都会讲到一个叫作"IBM的V字曲线"的故事，这个"V字曲线"一度登上美国《财富》杂志的封面，也正是这个"V字曲线"的故事打动了华为的领导，最终将BLM这个让IBM扭转败局、起死回生的战略管理工具作为华为制定企业中长期发展战略的重要工具。

IBM是一个强大而专业的国际化公司，但许多人并不知道，IBM在20世纪90年代初几乎陷入分裂甚至崩溃的境地。这个计算机行业的巨人，在1984年达到了利润的最高点65.8亿美元，1989年又创造了销售额历史最高纪录，在IBM达到辉煌的顶峰时，这个巨人突然摔倒了，从1990年至1993年IBM连续三年亏损；1992年，IBM宣告其亏损额高达54.6亿美元，全年的利润为−49.7亿美元。1993年一年的亏损额高达80亿美元，三年累计亏损额达168亿美元，创美国企业史第二高亏损纪录。IBM公司的股票自1992年夏天到年底，短短的几个月就从100多美元降至11年来的最低点48.375美元，伴随亏损而来的是疯狂的裁员。1992年至1993年短短的两年之内，IBM五度裁员，造成10万人失业，整个公司人心惶惶，忧容满面。人们把IBM视为行将消灭的恐龙。几乎所有业内人士都不看好IBM的前景，《经济学人》和相关专家对IBM能否起死回生持疑虑态度，软件巨子比尔·盖茨更是直接断言："IBM只有倒闭一条出路。"

"冰冻三尺，非一日之寒"。IBM的摔倒并不是简单的一次决策失误所能解释得了的。从20世纪50年代IBM进入计算机行业到80年代IBM登上辉煌的顶峰，IBM以势如潮水的趋势不断扩张壮大，终于垄断了大型计算机领域。但是伴随着IBM的迅速扩张、壮大与膨胀而来的是其繁多的管理层次、森严的等级制度、纠缠不清的利益、因循守旧的保守精神和日益滋生的优越感和满足感，致使IBM的组织结构日益臃肿庞大，办事效率低下，责任面前互相推诿，利益面前争先恐后。整个管理层希望保持现状，不愿创新，不注意市场环境的变化，忽视客户的声音，傲视比之弱小的企业，终于失去了一次又一次的良机，造成一次又一次的失败，以致1992年到了一发不可收拾的地步。

为了挽救这艘企业巨轮，IBM第一次从公司外部引进一位CEO，这就是卢·郭士纳（Lou Gerstner），他同时还从公司外部带来了几位高级管理人员，这是IBM的一个重大的变化，在那之前，IBM所有高层管理人员都是从内部提升上来的。这样，后来就有了我们都知道的郭士纳拯救IBM的英雄故事和《谁说大象不能跳舞？》这本书。

郭士纳是如何拯救IBM的呢？

首先是对IBM问题的界定。郭士纳认为IBM的失败只不过是由于过于自满而丧失了方向，由于丧失方向而衰落为官僚主义下的"各自为战"，从而抵消了战斗力，而不是丧失了战斗力。

他认真研究分析了IBM失败的原因之后，以强硬的手段废除了臃肿、庞大的"对人不对事"的官僚体制，建立了以绩效和流程标准为主导的决策机制；废除IBM已经僵化、落伍的企业文化，建立了"以客户为导向"的企业文化。

同时，针对IBM技术强大但反应迟钝的顽疾，郭士纳大胆采用IPD（集成产品开发）的研发管理模式，从流程重整和产品重整两个方面来缩短产品上市时间并提高产品利润，最终使IBM完成了由技术驱动向市场驱动的商业模式的转型。

而最为根本的是，郭士纳从企业的远景与战略入手，他认为未来的价值，也就是企业的利润源将从可见的硬件（追求效率）转向看不见的服务资源（创造价值），于是将IBM由一家高科技公司转型为一家服务性的企业。

IBM的转型是经营思想上出现了根本性的变化，原来客户被动地适应企业给予的价值，而现在IBM要挖掘出客户内心的真实需要，这种转型本质上是一种管理上的创新，而不是技术上的创新，这样这只笨重的大象终于可以翩翩起舞了。

前后历时5年励精图治的变革，在付出了80多亿美元行政费用并裁减了15万名员工的沉痛代价之后，IBM终于起死回生：1997年其股票市值增长了4倍，销售额达750亿美元，郭士纳重新创造了IBM辉煌的业绩并书写了现代企业神话。

2002年左右，郭士纳即将离开IBM公司，他非常担心离开后，IBM可能会重蹈覆辙，又渐渐地沉沦下去，临走前，郭士纳做了几件大事，其中之一就是创立BLM战略方法论。

郭士纳认为，一个公司能不能长期而一贯地用一套稳定的方法论将企业的战略管理工作做好，决定了这个公司能不能长久地生存下去。

郭士纳在IBM内部成立了一个空前巨大的专家团，同时还邀请了哈佛大学的几位对当时战略研究最透彻的专家，封闭工作了很长时间进行研究，最后成功推出了BLM模型。

BLM模型非常简洁，但是如何让大家都用起来，郭士纳下了很大的功夫。

郭士纳要求公司自上而下地学习和使用这个模型。在刚开始使用的时候，企业管理者都是很痛苦的，因为要大家抛弃各自擅长的非常熟悉的、长期使用的方法论和工具，一起学习一个陌生的工具，但是过了几年后，IBM的所有管理者都能自然而然地将BLM作为一个非常熟悉的、习以为常的工具来使用和交流了，BLM模型已经渗透到IBM的蓝色血液中。

在IBM的全球40万员工，有4万是管理者，而由员工向管理者转型，BLM是必须要学的内部管理进阶工具和方法论。因此，越是IBM的高层，对BLM的理解和操作能力就越强。

由此可见，IBM的BLM模型就是对郭士纳经营理念的深度总结和提炼，BLM模型是郭士纳留给IBM的宝贵财富。

对于一个小公司，可能根本不需要BLM模型，甚至不需要战略管理体系。但是对于一个大公司，没有一个统一高效的战略规划和管理工具是不可想象的，企业的高层管理者在讨论公司最为关键的战略管理问题时，用着不同的表达方式、逻辑思维，说着不同的名词和术语，导致的结果是公司的战略意图很难达成一致，制定出来的战略很难在公司落地执行，每个员工基于自己的知识体系和经验去理解战略，获得的信息也是五花八门，没有一个统一的方向、统一的目标，这样的公司是岌岌可危的。

那么BLM模型的作用呢？它至少在战略管理和战略执行方面，让IBM的4万多管理人员有了统一的语言和思维模式，所有的人都用这种框架性的、高度集成的模型去沟通，从而产生强大的合力。

越大的公司越需要这种统一的管理语言，管理语言统一以后，高层对于方向的判断就能转化为中层的执行引导，并且最终驱动基层真正全力以赴地去冲锋陷阵。

第二节　华为的发展历程和管理变革

华为成立于1987年，到今天已经30多年了，这期间可以划分为三个阶段：

第一阶段，1987年到1996年，这个阶段是华为的创业发展期。

第二阶段，1997年到2007年，这个阶段是华为的二次创业期与国际化经营期。

这个阶段是华为最为重要的阶段，华为几乎所有的变革，包括管理体系、流程体系、人力资源体系、信息化系统建设都是在这几年完成的。

同时，这一阶段也是华为面临困难最多、压力最大的时期。

华为说过，烧不死的鸟就是凤凰，就在这个阶段，华为通过一系列企业管理变革，克服重重阻力，实现转型和突破，企业逐步走向科学化管理、国际化经营，华为的销售收入实现国内第一，并开始走向海外，真正成为国际化的公司。

第三阶段，2008年到现在，这个阶段是华为商业模式变革和组织转型期。

在这一阶段，华为做到了从国内市场的成功到国际市场的成功，从单一用户市场的成功到复杂多元化用户市场的成功。

纵观华为的发展历程，既是一部恢弘大气的艰苦创业史，更是一部励精图治、勇于创新的企业管理变革史。

一、第一阶段：1987年到1996年

1987年，华为注册成立。

在成立之初，华为并不是一家高科技公司，仅仅是一家靠两万元起步的小型贸易公司，从代理香港的交换机开始，这与同一时期的不少企业有很大相似之处，搞代理做贸易起家。

所不同的是，在赚到第一桶金后，稍具条件，华为便开始走自主研发之路，早早为企业埋下了技术立身、创新为魂的种子。

在发展之初，国内通信设备市场竞争异常激烈，而且华为的竞争对手都是国际的通信设备巨头企业，从零起步的华为无论是资金还是竞争实力都无法与竞争对手在大、中城市参与竞争。

但华为公司的创始人任正非看到县城以及农村更广阔的市场是国外厂商尚未涉足的领域，这为华为带来了机会。

华为认为，以农村为突破口有两个非常明显的好处。

首先，小县城和农村发展通讯设备行业门槛低，承受风险小。

其次，农村对于产品的技术和质量要求不高，也不是很关注品牌，而是更加注重实用。

1992年，华为推出农村数字交换解决方案，收入突破亿元。获得第一桶金的华为，没有被胜利冲昏头脑，而是将目光从"单位用交换机"转移到"电信局用交换机"，目标客户从各种各样的企事业单位转为各地的电信局。前者销售分布较广，但单次销售数量小，而局用交换机的客

户数少但销量大，搞定一个地区的电信局产生的销售量，就相当于几十家不同行业或地区的单位，因此，局用交换机的销售额远高于单位用户交换机。

任正非果断决策进行了目标市场的转移，并将华为的所有资金投入到局用数字程控交换机的研制中，这项新产品的研发成功使华为正式进入电信设备供应商的行列。

这个自主研发的策略，让华为冒了极大的风险，但也最终奠定了华为适度领先的技术基础。

在农村市场取得胜利后，华为进入城市市场，这时华为遭遇了强大的竞争对手，很多中心城市和发达省份的电信部门根本不信任华为的产品。

针对这种情况，任正非想出了外国同行做梦也不会想到的方法，他游说各地电信局，由华为与电信职工集资成立合资企业。

1993年，任正非说服17个省市级电信局合资成立了一家名叫莫贝克的公司，后者出资3900万元，任正非承诺每年给予33%的高额回报，正是这种合资模式让华为逐渐做大。

在1995年，华为的销售额达15亿元人民币，而能取得这样的成绩，在强手遍布的电信领域突出重围，走出自己的天地，华为依靠的主要是对客户发自内心的重视。几乎可以说，客户提了要求，华为便尽心尽力，客户未提要求，华为就设身处地琢磨如何能提供更好更适合的产品与服务。

在这个阶段有两个标志性的管理变革事件，一个是员工持股，另一个是干部集体辞职。

1993年，当时的华为面临通信设备业市场扩张圈地的绝佳机会，迫切需要在技术研发上投入大量的科研资金。但是好的技术人员和销售人员需要高薪才能留住，不断上涨的人员工资与公司当时仍处于起步阶段的业务赢利能力互为矛盾。

在缺少资金的情况下，华为只好给员工打"白条"，采用工资减半的方式发给企业员工。白条越滚越多，最后华为的高层干脆决定，以"打白条"的方式解决薪资问题，即每月发给员工一半工资，其余以股权形式替代，自此"白条"真正成为了企业股票的前身。

任正非坦陈："华为是科技企业，要更多的聪明人，有理想的人一起做事，只有不断地主动稀释自己的股票，才能激励更多的人加入到华为的事业中一起奋斗。"

"工者有其股"，使得员工等于在公司拥有了"员工"以及"股东"的双重身份，这样一来员工主动将公司的长远发展和个人努力挂钩，在出差、业务谈判时更多地站在公司的立场上为公司节约资金，提高工作效率，双方在无形间拥有了长远的共同奋斗、分享机制。

1996年，从创业期进入快速发展期的华为面临整个中国社会的一个普遍问题：企业里干部只能越做越大，工资只能越升越高，免职或降职都意味着用人单位与员工本人的双重失败。因此，如何实现"干部能上能下"、解决发展转型期的新老接替问题，建立内部的公平机制？

此时华为管理层做出了这样的决定：引入内部竞争，提升内部组织活力。

具体做法是任正非让市场部所有正职干部，从市场部总裁到各个区域办事处主任，每人提交两份报告，一份是述职报告，一份是辞职报告，然后采取竞聘方式答辩,公司根据情况,批准其中的一份报告。

结果在竞聘考核中,约30%的干部集体辞职。这种全部"归零"的管理办法,体现了起跑位置的均等,而竞聘上岗则体现了竞争机会的均等,这种看似"激烈"的变革方式背后隐含的是企业机制的"公平"。

在顺利实现人员更替的同时,最大限度地保留了落选员工的面子,也为华为干部"能上能下"制度的推行打下了良好的思想基础。

二、第二阶段:1997年到2007年

20世纪90年代后期到21世纪初期是华为非常重要的变革调整期,是华为走向管理正规化的起点,也是华为战略管理体系由空白期走向成熟期的转折点。在这个阶段,标志性的事件是《华为基本法》的诞生和IBM为华为做的IT战略规划引领管理变革。

1998年前后,华为经历了高速发展,成为了一家拥有数万员工的企业,如何管理,如何使企业可持续地发展,成了掌门人任正非头疼的事情。

为此,华为和中国人民大学的几位教授合作,请他们系统梳理华为的文化、总结成功经验,同时要清楚地回答"华为要往何处去,要成为一个什么样的企业?华为的使命、追求和愿景是什么?华为管理效率问题,围绕效率华为应该建立什么样的内部规则体系,避免因快速扩张而导致管理失控?解决员工的成就感问题,通过确立什么样的文化理念与人力资源政策使员工对企业有文化认同,有成就感"等问题。

1998年3月,《华为基本法》审议通过,整个拟订过程耗时三年。

可以说，《华为基本法》是关于整个华为的"顶层设计"，为华为未来的发展明确了方向。

这部基本法是华为内部首个将企业家个体思维转化为组织思维的资料，也是中国企业第一个完整、系统地对企业价值观进行总结的文字，对中国的企业文化建设起到很大的推动和示范作用，也给华为带来了巨大的品牌价值，《华为基本法》成为国内外企业家竞相追捧、学习的范本，华为在国内外一时间声名鹊起，增加了华为的社会知名度和客户对华为品牌的认同感。

《华为基本法》正式出台标志着华为进入了战略管理体系的成熟期，任正非也承认："在颁布《华为基本法》之前，华为内部思想一片混乱，有战术而无战略，机会主义盛行。"《华为基本法》因此成了华为接下来二十年发展的重要基石。

1997年是华为国际化的起步阶段。随着中国加入WTO进程的加快以及国内市场增量的减小，华为的国际化势在必行，如何能够成为一家世界级的企业，拥有参与国际竞争的优势？

华为以"开放、进取"的姿态，"像海绵一样"虚心吸取世界先进的研发机制、营销方法、管理手段和竞争规则。

通过国外的长期考察，任正非认识到了和西方竞争对手的差距。他在《华为的冬天》里面说："企业不是要大，也不是要短时间的强，而是要有持续活下去的能力和适应力。"而这个持续活下去的能力和适应力，就需要在内部引入先进的管理制度体系。

1998年，任正非在参观了IBM后，感觉到了自身变革的局限性，决定引入西方成熟的管理手段进行企业的职业化、体系化改造。

华为确定向IBM学习，一方面，百年的IBM依然焕发出勃勃生机，能够像IBM那样拥有百年基业，是任正非一直以来的梦想；另一方面，为企业提供包括管理咨询在内的IT整体解决方案服务已经成为IBM前总裁郭士纳最为看重的收入增长点。

也是在这次转型中，华为开始逐渐由电信设备制造商转向电信整体解决方案服务提供商。

1998年8月，华为与IBM公司合作启动了"IT战略规划（IT S&P）"项目。通过该项目，明确了华为未来3～5年需要开展的业务流程变革和IT项目计划，涉及公司价值链的各个环节，IPD（Integrated Product Development，集成产品开发）和ISC（Integrated Supply Chain，集成供应链）是其中的重点。此次变革，以建立流程化的组织为变革目标，在流程化组织结构设计上，主要依靠客户需求拉动，实现全流程贯通，提供真正的端到端服务。

整个业务流程变革历时5年，耗资10亿元，是华为有史以来影响最为广泛和深远的一次管理变革。同时，随着业务流程变革的推行，一系列公司核心应用PDM、SAP HR、NOTES系统等也陆续上线，有力地支撑了业务流程，固化了变革成果。

通过此次管理变革和IT建设，华为各项工作与国际接轨，管理水平达到国际标准，真正地走上了变机会型成功为可持续的管理型成功之路。同时，也为华为培养了大批的变革管理人才。

随着与IBM的合作深入，为了更好地与国际接轨，主动展示企业的发展战略和经营理念，增强国际企业客户和伙伴对华为的了解，增加企业的经营透明度，同时提升企业自身的战略管理水平，高效地配置资源，华为从IBM引入了战略规划管理工具BLM模型，并在IBM的帮助下，建立了DSTE战略管理流程，企业的战略管理逐步走向正规化和系统化。至此，华为的战略管理体系逐步成熟完善了。

从1995年开始，任正非就将华为的发展目标设定为成为世界一流企业，并于1998年制定了双线战略：在保持国内领先地位的同时，迅速拓展国际市场。

1999年，华为获得海外订单零的突破，并逐步进入国际化发展的快车道。

截至2006年底，华为在海外设立了8个地区部，28个区域培训中心，100多个分支机构。

2007年，华为公司实现销售收入169亿美元，其中72%来自海外市场。

为了建立国际化的技术竞争优势，华为很早开始了全球化研发基地的布局。

1999年，华为在印度班加罗尔成立了印度研究所，迅速提升了自己的软件开发水平，成为国内唯一一家达到CMM 5级认证的企业。

2000年之后，华为又在美国、瑞典、俄罗斯陆续建立了自己的研究所，通过这些技术前沿的触角，将国际先进的人才、技术以各种形式引入。

除了直接投资建立研发基地外，华为还与3Com、西门子、NEC、松下、英特尔、摩托罗拉、朗讯、IBM等多家公司通过收购与合资等方式开展多方面的研发和市场合作。通过直接投资、收购与合作，华为实现了研发的全球布局。同时，通过IPD、CMM等标准化管理体系的推广，实现了跨地域、跨文化的协同研发。

全球化带来了对管理体系的挑战，也使华为面临着人才的挑战。为了把华为打造成一个学习型组织，为国际化输出合格的人才，华为在人才培养体系方面也进行了各方面的努力。从开始的分散式培训到逐渐整合统一的培训中心。

2005年，华为正式注册成立了华为大学（Huawei University）。华为大学以"融汇东西方智慧与华为实践，助推企业全球化发展"为使命，不仅为华为员工及客户提供众多技术解决方案和管理及通用技能培训，也是东西方文化的"搅拌机"。

在这里，10多万华为人不但接受华为管理哲学、制度、价值观、行为准则的培训，还经常有各种不同的文化和思想的激荡。

在国际市场开拓方面，华为仍沿用国内市场所采用的"农村包围城市"的先易后难策略，以发展中国家作为目标市场，逐步开拓发达国家市场，从香港——拉美地区、俄罗斯——南非——亚太地区、欧洲和北美。

国际化的运作，必然绕不开国与国之间的政治关系。在国际化初期，华为遵守一个不成文的规定：以中国的外交作为大方向。华为设立办事处的原则就是与中国建交的国家，在什么地区投放什么力度的人力、物力，也是根据国家外交的风向变化来决策的。

随着收入规模的不断增长，华为开始在发展质量上下功夫。在收入保持高速增长的同时，进一步提高赢利水平，成为华为必须解决的问题。

2007年，任正非亲自给IBM CEO彭明盛写信，希望效仿IBM的财务管理模式进行转型，把规范的财务流程植入到华为整个运营流程，以确保每一次的投标都能清楚地计算出成本和利润，从而实现收入与利润的平衡发展。

2007年7月，华为正式启动IFS（集成财务管理）项目。借助实施后的IFS信息系统，华为的增长模式发生了转变，整个企业都在强调有效增长、提升人均效益，"利润"和"现金流"成为与"收入"同样重要的考核指标。

华为2008年年报比2007年提早两个月，2009年、2010年年报开始出现详细的财务报表，财务透明度提升，有力地支持了全球化的业务决策。

三、第三阶段：2008年到现在

经历了生存与快速发展，华为进入到企业的盛年时期。如何应对行业市场的转型，如何避免组织老化和官僚主义盛行，开放、突破、创新是这个阶段的关键词。华为以客户为中心的随需应变和不断自我批判打破重建的DNA，使华为在这个阶段仍保持着清醒的头脑和行动力，从而获得凤凰涅槃、浴火重生。

2008年，华为已经成为年收入183亿美元、75%收入来自海外市场的国际化大企业，机构臃肿、官僚主义这些大企业病也逐渐出现征兆。如何让大象还能保持轻盈的舞步跳舞？

2009年年初，任正非发表了一篇题为《让一线直接呼唤炮火》的内部讲话，拉开了企业组织机构变革的序幕。

《让一线直接呼唤炮火》目的是将企业的组织架构由以前的正金字塔变成了倒金字塔，以前企业的管理架构就像是一个金字塔，在塔尖的是决策层，是总部，是各个职能部门；在塔底的是执行层，是一线部门。决策层发布任务，执行层负责执行，这是一种典型的集权型组织架构，这种组织架构在中小企业比较适合，具有经营风险低、决策效率高、执行效率高的特点，但是企业一旦上规模以后，随着管理层级的增多，这种组织架构的弊端就出现了，决策层远离市场，对市场竞争态势的把握难度增大，决策风险变大，决策过程缓慢，难以适应快速的市场变化；基层虽然处于市场一线，但缺乏决策权，难以抓住稍纵即逝的市场机会；再加之部门职能权限分割过细，基层调动资源需要经过大量的内部沟通协调，内耗特别严重。

《让一线直接呼唤炮火》就是要企业放弃中央集权式管理，一切以客户和市场为中心，对基层进行充分的授权，本着"谁呼唤了炮火，谁就要承担呼唤的责任和炮火的成本"的权利与义务对等原则，在前端建立以客户经理、交付经理、产品经理为核心的业务核心管理团队，形成"铁三角"的组织管理模式，实施轻足迹的管理，团队模块化运作，而企业的总部和职能部门则变成了资源中心和赋能中心，必须为一线及时、有效地提供支持与服务以及分析监控，响应一线的呼唤，为一线提供炮火支援。

《让一线直接呼唤炮火》推动了华为组织机制的变革，从实践效果来看，短短几年后，到2016年，华为业务收入实现翻番，但是人员仅仅增长了60%，人均效益显著提高，战略更为聚焦，管理大为简化，企业实现有效增长。

2009年4月24日，任正非又发布了一篇在行业内引起广泛影响的文章《深淘滩，低作堰》，文章里提到"深淘滩，就是不断地挖掘内部潜力，降低运作成本，为客户提供更有价值的服务；低作堰，就是节制自己的贪欲，自己留存的利润低一些，多一些让利给客户，以及善待上游供应商"。

随着企业实力的不断增强，华为从之前的一个追赶者逐步成长为行业的领导者，华为在深挖内部潜力的同时，对外更为强调合作共赢，将原先的竞争关系转变成竞争合作关系，更为关注行业整体的繁荣发展。

在业务发展方面，21世纪初，云计算大潮正在席卷全球，使全球ICT（Information Communication Technology，信息技术+通讯技术）产业出现重整机会窗口。

谁能在新一轮的技术革命中，实现客户需求和技术优势的完美结合，抓住合适的时机推出满足客户和市场需求的解决方案，谁就能胜出，甚至独领风骚。对运营商而言，面对日益滞涨的传统电信市场，发力云计算和ICT服务是实现未来持续增长的大好机会。

作为运营商的长期战略合作伙伴，华为也从2008年开始投入云计算的研发，以提供能够更好满足客户需求的云计算解决方案。

2010年底，华为发布了云计算战略，包括三个方面：构建云计算平台，促进资源共享、效率提升和节能环保；推动业务与应用云化，促进各个行业应用向云计算迁移；开放合作，构筑共赢生态链。

2011年，华为对组织架构进行了调整——原来按照设备、终端、软件服务等业务类型进行划分的组织架构，改变为按照客户类型划分的四大业务单元，形成了运营商网络业务、企业业务、消费者业务和其他业务四大业务集团，分别设置各自的经营管理团队，组建了自己的HR部门、CTO办公室、战略与业务发展部和财经管理等部门，获得更大的自主权，各个业务集团可以按照其对应客户需求的规律来确定相应的目标、考核与管理运作机制，在统一的公司平台上进行差异化的运作和经营管理。

2017年，云业务部门升级为第四个业务集团，至此，华为形成了运营商网络业务、企业业务、消费者业务和云业务四大业务集团的相关多元化战略发展格局。

2018年，华为发布了2017年的经营业绩，2017年华为实现了全球销售收入6036亿元人民币，同比增长15.7%；净利润达到475亿元，同比增长28.1%。而另一家全球著名公司IBM的2017年全年营收为791亿美元，前面我们说过，IBM成立于1911年，曾是华为最为推崇和学习的企业之一，可以说是华为走向正规化和国际化的老师，华为用30年的时间走过了IBM 100年的路，并最终超越了老师。

第三节　华为的成功是赢在战略

华为的成功是赢在战略这个观点得到了普遍认同。华夏基石咨询公司与华为有着多年的密切合作关系，曾经参与过《华为基本法》项目和其他一系列重大管理变革项目，华夏基石咨询公司著名的管理学家施炜对华为有过长期和深入的研究，在《华为成长的战略逻辑：详解华为为什么能称霸世界》的文章中，施炜认为华为之所以能在国内、国际两个市场上实现对国际领先品牌的替代，能持续保持竞争优势，最主要的原因在于华为的成长模式是战略型的。这种成长，是战略运筹和战略行动（执行）相结合的产物。所谓"战略型"（反义词是"投机型"），有以下几个特征：

第一，有清晰的战略愿景、目标和方向，知道企业往何处去。一旦愿景、目标确定下来，就不左右摇摆、轻易变化（除非因环境变化重大战略重构）。

第二，重视与成长相关的基础性、长期性要素（亦称战略性要素，主要是核心技术和人力资本），在资源配置、战略行为上向这些要素倾斜，不间断地持续投入，并通过有效的举措使之生成、积累和提升。

第三，正如华为的一则广告语所说的"不在非战略机会点上消耗战略竞争力量"，华为长期作为后发者和追赶者坚持"聚焦"于核心业务和核心技术，将所有的力量汇集在"针尖那么大的地方"。不分心、不分散资源，在战略路径上奋力向前，不为路旁的花花草草所吸引。

第四，对成长的路径、方式、阶段有时间和空间上的谋划并坚决执行到位，在推进过程中进行迭代式、反馈式修正和改进，保持战略的有效性。

第五，打通战略和组织，使战略任务的完成以及战略举措的执行具有组织保证，组织形态、结构、运行机制以及组织能力都是为战略服务的。

因此，我们可以说华为卓越的战略管理能力使华为从一个胜利走向另一个胜利，而卓越的战略管理能力背后是一套规范的战略管理体系，这就是我们在前面提到的"三位一体"的战略管理体系，这套战略管理体系是华为战略管理工作不断优化提升改进的工作成果，同时也是众多管理咨询公司智慧的总结和付出，可以说是全球知名管理咨询公司的研究成果与全球著名企业实践的最佳组合。

不同企业的发展战略和经营思想、战略举措可能存在很大的差异性，很难模仿和借鉴，但是企业的战略管理方法和制度、将战略规划与战略执行有效融合的手段和机制是可以学习和借鉴的。

扫码免费听
《高效能人士的七个习惯》有声书

第二部分 华为的战略指导思想

PART 2

在学术领域，战略管理是经济管理学中的一个重要内容，而且是工商企业管理硕士必修的一门功课；在企业经营活动中，战略管理是一个重要的管理职能，也是企业中高层管理人员必须具备的能力。

战略管理具有一定的专业性，战略管理活动需要战略管理理论和方法的指导，这是毋庸置疑的。尽管有些优秀的企业经营者并没有系统学习过战略管理知识，但依然具有优秀的战略思维能力和战略管理实践能力。这一方面说明战略管理是一门实践性很强的专业知识，它来源于管理实践，是优秀企业管理者战略管理的经验总结和提炼，另一方面也说明系统学习战略管理理论的重要性。

华为一再强调，战略管理思维和能力是企业每一个中高层管理者必须具备的能力，而不是企业领导者一个人的事情和企业战略部门一个部门的事情。

如果仅仅是企业领导者个人具备战略思维能力和战略管理能力，而大多数企业中高层管理者并不具备这样的思维能力，则企业领导者正确的战略意图就很难被企业中高层管理者理解，上下很难达成共识，自然在战略执行的时候就会大打折扣。

而更为重要的是，战略管理体系和方法也是千差万别的，说是战略管理的丛林体系也不为过。

不同的战略指导思想可能会推导出不同的战略发展路径和行动举措，因此，比中高层没有战略管理思维和能力更严重的是中高层管理者各自坚持和笃信自己的那一套方法论和战略思考逻辑以及过往成功经验，大家在讨论战略问题时各执一套，各抒己见，被不同战略思想武装的大脑是很难取得共识的，这也是为什么IBM设计出了BLM战略管理模型，让企业的所有中高层管理人员放弃自己原来的战略管理思想，在思考战略和制定企业战略方案时用统一的思考逻辑和方法。

IBM的BLM战略规划框架背后有着一套严密的战略指导思想，这就是我们前面章节提到的VDBD理论（价值驱动商业设计）。

VDBD理论是由美世管理咨询公司提出的，前面我们说过，美世管理咨询公司出版了一系列著作，系统地阐述了价值驱动商业设计的理论，这些理论为企业的战略管理提供了依据。

VDBD理论的核心就是要以客户为中心，研究利润在价值链上的变动规律，然后像设计一个产品一样，设计企业的发展战略。VDBD理论最核心的几个理论分别是利润转移理论、客户经济学、赢利模式和业务设计，我们在这一部分将做详细介绍。

第三章　利润转移理论

制定企业未来中长期战略规划的最直接的理论就是利润转移规律。利润转移是指在整个行业所属企业的利润总和持续稳定或不断增长的条件下，利润在行业内不同环节之间分布的变化，利润在相同环节下不同经营模式企业之间分布的变化，以及利润在同一环节和同一经营模式下不同企业之间分布的变化，利润转移理论就是在研究这些变化的规律。

第一节　利润转移是必然趋势

企业为什么要做中长期战略规划？

因为企业需要同时面对一个变化的外部经营环境以及一个变动的内部经营环境。

变化的经营环境带给企业最直接的作用就是企业赚的钱不一样了，可能是比以前赚的多了，也可以比以前赚的少了；赚钱的方法也不一样了，赚钱的客户不一样了，说得专业点，就是企业所处的行业的利润发生转移了。

变化的外部环境带来的最直接的影响，就是在整个产业价值链条上利润发生了变化，以往最为赚钱的环节，可能在不远的未来变得没有利润了，而以往可能看似没有价值的环节会变得很赚钱。

利润在产业链和价值链内不同环节、同环节内不同企业之间的转移主要有五种模式，或者说五种趋势。

第一种趋势，利润由价值链的制造环节转向销售环节。

传统经济是短缺经济，企业的一切活动围绕着生产转，价值的创造至关重要，企业只要把产品生产出来就不需要担心销售。

从整个价值链来看，利润主要集中于生产领域，那些实现了规模经济的大型生产企业也就是获得利润最丰厚的企业。

而现代经济是过剩经济，企业的一切活动围绕销售转，价值的实现至关重要，企业必须随时关注客户需求的变化，根据销售情况来确定生产规模。

从整个价值链来看，利润区由制造领域转移到了销售领域，那些能够把产品销售出去的企业也必然是利润丰厚的企业。

据相关机构的统计，制造领域只获得了利润的1/10，而9/10的利润在销售领域实现。看看汽车产业、家电行业、手机产业、计算机产业等众多的行业，整个行业利润已经由制造环节向销售环节转移。汽车行业最赚钱的是4S店；国内家电行业最赚钱的是天猫、京东、苏宁、国美等线上线下的家电销售企业；智能手机行业的富士康是最大的手机代工企业，但每部手机的代工费利润微薄；航空运输行业最赚钱的不是飞机制造商、航空公司，而是携程、去哪儿等机票代理销售商。

许多制造型企业都加强了销售能力的建设，将销售环节的利润尽可能地掌握在自己手里，但是价值创造主体和价值获取主体相分离是一个趋势，特别是在互联网时代，销售型企业处于产业链下游，直接面对消费者，凭借手中掌握的巨大客户流量规模优势持续压榨着制造型企业的利润空间。

第二种趋势，利润由价值链的销售环节转向消费环节。

对于市场上任何产品来讲，其自身都处于一个强大的经济系统，而产品本身只是其中的一个子集。因此，在产品的消费过程中，往往会伴随着大量的衍生需求，而这些衍生需求形成了许多能够为企业带来高额利润的"配套服务型产业"。

例如，据有关机构统计，在手机行业，制造手机和销售手机的企业所获得的利润与移动、联通等通讯服务提供商所获得的利润比值大约是1∶9。

在汽车行业中，制造和销售汽车的企业所获得的利润和为汽车提供保险、修理、加油的企业所获得的利润的比值也大约是1∶9。

对消费者来讲，购买手机和汽车所付出的成本属于一种沉没成本，但这种沉没成本本身却不能构成完整的消费，消费者要想享受到产品的价值，还要不断地付出可变成本。

沉没成本造成了"路径依赖"效应，而这种"路径依赖"效应使消费者只能按照初次购买产品时形成的配套服务关系，向服务商源源不断地购买服务，从而形成了包含高额利润的"配套服务型产业"。

企业要想获得更高的利润，就必须要找到这些"配套服务型产业"，并且做到该行业第一。

第三种趋势，利润由价值链的中间环节，分别转向上下游环节。

在传统的价值链中，利润往往集中在中间环节，在这个环节上往往是一些大型的制造企业。它们发挥着规模经济和范围经济的优势，获得高额的利润。

随着信息技术的发展，这种情况发生了改变，利润由价值链的中间环节分别转向上下游环节。其中价值链的上游是指融资、研发等领域，而价值链的下游是指销售、服务等领域。

例如，耐克是世界上最著名的运动系列品牌之一，每年创造着巨额的利润，而耐克本身仅仅从事研发、销售等核心业务，而将其他的非核心业务完全外包。

苹果手机更是一个典型的例子，苹果公司只负责苹果手机的研发及苹果手机应用商店的打造，而生产制造环节外包给了富士康这样的代工企业，但是苹果公司几乎赚取了行业99%的利润。

在家电行业，许多日本企业退出了家电制造环节，开始向产业链的上游转移，在材料、芯片、核心零部件等环节重新构建起竞争优势，依然赚取这个行业的超额利润。

第四种趋势，利润由价值链的内部环节转向外部环节。

随着生活水平的提高，人们的需求层次也逐渐发生变化，由追求物质需求逐渐上升到追求精神上的满足。在这种情况下，消费的环境越来越得到重视，许多人愿意为获得一个良好的消费环境支付高额的费用，造成了利润由价值链的内部环节向外部环节转移。

例如，在星巴克这样的咖啡馆，一杯咖啡的成本可能只有几元或者十几元，但是人们却愿意为此支付几十元甚至几百元的费用，主要原因是咖啡馆为人们提供了良好的消费环境和社交场所，从而使人们在精神上得到了满足。

此时，咖啡馆向消费者出售的不仅仅是咖啡本身，而是一种休闲社交的总体解决方案。消费者支付的费用也不是咖啡本身的价值，而是这个总体解决方案的价值。

第五种趋势，利润由物质领域转向非物质领域。

随着消费文化的改变，人们消费的非物质化越来越明显，利润由物质领域转向了非物质领域。现在休闲娱乐、教育培训、研发、媒体等非物质领域的企业所获得的利润远远高于物质生产领域的企业。

据美国《时代》杂志报道的1999年的调查，美国人有1/3的时间、2/3的收入、1/3的土地用于休闲娱乐，他们预测2015年左右，休闲娱乐业的产值将占美国国民生产总值的一半。微软公司是世界上最大的软件制造商，通过建立起行业标准，开发应用软件，在非物质领域经营，获得了非常丰厚的利润。

第二节 利润转移背后的驱动因素

前面谈到的这五种利润转移的趋势是实实在在的、真实发生的，不同的行业只是利润转移的时间快慢不同，可能有些产业已经发生了，有些产业正在发生，而一些新兴产业也必然会呈现这样的发展趋势。我们发现这五种利润转移方式都具有以下一些特点：

第一，无论是在哪种模式下，利润转移的方向都是以客户为导向的，朝着客户价值要素所在的方向移动。

第二，随着时代的进步、科技的发展、人们生活水平的提高及产业发展水平的提升，客户的需求不是一成不变的，当他们的需求受到时代的影响发生改变后，产业中价值链从形式到内容必然随之而变，这将会带来新一轮的利润转移。

第三，如果说客户需求的改变是导致利润转移的外部原因，那么当我们把视角放到产业内部各个环节或某个环节中的各个企业时，它们所创造的具有技术差异化、经营模式或业务流程差异化、服务差异化等某一具有长期竞争力的独特特征，就构成了引起产业利润转移的内部动力。

第四，利润转移是通过产业中的所有企业间的竞争来实现的，转移的成效和结果伴随着竞争而消失，但同时又会激发新一轮的企业竞争和利润转移。

第五，时代不断前进，客户需求不断变化，产业内部的竞争永无止境，所以利润转移将永远不是一个一劳永逸的过程，而是一个永远不会停止的反复动态发展过程。

由此可见，产业发生利润转移的核心动力是客户需求偏好的变化。客户对产品或服务的需求偏好具有不断变化的内在属性，而企业的经营策略相对来说则较为稳定，当企业的经营策略模式与顾客的需求偏好变化之间的适应性平衡被打破的时候，价值即将发生转移，价值就会转移到那些对客户需求偏好及时做出反应并调整企业经营策略的企业那里。

除此之外，政策法规也是利润转移的驱动因素，在某些行业甚至是决定性的驱动因素。

政策法规的变化对行业的影响是巨大的，最直接的影响结果是导致企业的市场范围和经营规模迅速扩展或萎缩。

政策法规的变化甚至直接决定企业的生死，虽然政策法规的颁布和实施是突发性的，但是相关政策法规的制定有一个阶段性，有些政策法规的出台是必然趋势，只不过具体的时间或早或晚，具有高度洞察力的企业家可以及时发现这种趋势，提前调整企业的经营行为。

驱动利润发生转移的另一个重要因素是技术。随着知识经济的到来和全球一体化、信息化进程的加快，技术革新的步伐也越来越快，企业拥有一项革命性技术，可以为企业带来超额利润，一旦这项技术被突破，被更多的企业所掌握，利润就会迅速地从这家企业转移到更多的企业中。

例如，当今的信息技术产业，摩尔定律始终是驱动产业发展的决定性因素，那些掌握核心技术的半导体行业领军企业始终把持着产业价值链的高价值环节。

这也是为什么华为、中兴、小米这些信息设备产品的制造型企业开始纷纷投资布局芯片制造，因为在信息设备产业链条上，上游的芯片制造环节始终是高价值环节，因为这个产业的利润转移就是靠技术驱动的，所以哪个企业掌握这种芯片设计和制造技术，哪个企业就可以长期获得产业价值链的价值红利。

在价值链的同一环节，不同企业之间的利润差距也很大，这主要是微观竞争环境因素导致利润在同一价值链条的不同企业之间发生转移的重要原因。

微观竞争环境因素指的是波特"五力模型"中的五种竞争力量。竞争对手之间的竞争策略的差异、客户议价能力的增强导致卖方市场到买方市场格局的转变，潜在进入者从边缘突破，对原有市场的颠覆，替代品性价比的提高，这些竞争的结果必然导致行业垄断的消亡、企业利润率趋于均衡并走低，传统经营策略的价值不断流向新的区域，从而导致行业的价值转移不断发生。

企业必须时刻关注消费者消费趋势的变化、国家政策和法律的变化、科学技术的发展趋势，使企业始终保持正确的发展方向；同时，在微观上，加强产业各竞争要素的研究，善于竞争更善于合作，取长补短，提升自己的核心竞争能力。

企业要善于把握利润转移的模式和特点，适时修正自身在产业链中的战略定位，设计与企业定位相符合的经营模式和竞争策略。

只有这样，企业才能在长期经营中始终处于高利润环节，获取足够的利润，促进自身发展，保证投资人满意，实现基业长青。

第四章　客户经济学

客户经济学是华为战略指导思想体系的核心。

美世管理顾问公司的全球副总裁亚德里安·斯莱沃斯基的《发现利润区》对客户经济学的定义：客户在整个购买和使用产品的过程中所必须承受和付出的困扰。

客户经济学是从企业的产品延伸和扩展出来的一个大的系统，它既包括客户为购买产品和服务所支付的费用，产品的使用费用、存储费用和处置费用，还包括购买时所花费的时间，为熟悉使用方法花费的时间，等等。所有这些都是客户付出的有形的和无形的成本。

用市场营销学中的定义，客户经济学与顾客让渡价值所表达的意思相似。顾客让渡价值等于总顾客价值与总顾客成本之差，总顾客价值等于产品价值、服务价值、人员价值与形象价值之和，总顾客成本等于货币成本、时间成本、精力成本与体力成本之和。

可见，客户经济学更多关注客户付出的总成本，在这一点上，客户经济学的含义等同于总顾客成本。

客户经济学可以帮助企业将视野从自己提供的产品和服务转移到客户本身。通过客户经济学的原理，企业可以获知客户的潜在价值需求，然后通过业务设计的创新来满足这些需求，从而获得高额回报，进入真正属于自己的利润区。

对于企业来说，要找到自己的利润区，首先要从经营观念上发生根本性的改变，要从以前以产品为中心，以追求市场占有率为目标的经营理念中走出来，真正做到以客户为中心，以追求利润为目标，并在自己的利润区里把市场份额做大。

企业需要不断地对客户进行研究、对市场进行反省：企业现在所处的市场是无利润区、低利润还是高利润区，企业提供的产品和服务放到客户经济学的整体系统中是否有竞争力，是否可以满足客户的更多需求，是否可以获取更多的利润回报。

只有站在客户的角度，置身于客户经济学系统中，企业才能发现自己的不足；只有不断地创新，才能使企业永远处于高赢利状态。

因此，识别客户需求的相关工作在企业经营中越来越重要，它是企业决策的重要依据。

客户经济学是一个非常有效的帮助企业识别客户真正需求的分析工具，因为大多数客户并不清楚自己购买产品和服务所涉及的所有收益和成本，企业通过市场调查、客户调查也很难从客户嘴里得到完整、真实的需求，而挖掘客户潜在的需求、客户说不出的需求就更难了。

有了"客户经济学"这个分析工具，对企业来说无疑是一个极好的消息，企业可以清晰地勾勒出一幅完整的客户需求地图，然后设计自己的产品和服务，构筑自己的高利润区。

客户经济学的含义等同于顾客让渡价值中的总顾客成本，可见，顾客让渡价值是一个比客户经济学更大的概念范畴，下面我们分别阐述一下总顾客成本和总顾客价值。

第一节　总顾客成本

总顾客成本包括产品和服务的价格、客户使用产品所发生的各种维护成本和存储成本、客户购买过程所需的时间以及熟练使用产品所花费的时间、客户在整个过程中必须承受的风险和付出的代价等，下面我们分别进行说明。

一、产品和服务的价格

产品和服务的价格是指客户为购买产品和服务而支付的实际货币成本，货币成本是构成客户总成本大小的主要和基本因素。因此，一般情况下，客户购买产品时首先考虑的就是产品及其服务的价格。

当客户不清楚自己的真正需求或企业不理解客户需求时，价格就成为交易唯一的依据。

在许多交易中，客户以为这个价格所提供的产品和服务可以满足自己的全部需求，而企业也认为自己这个价格包含的产品和服务是客户需要的。

而一旦成交之后，客户才发现自己的需求并没有得到满足，这些需求有些是购买时客户就已经知道的，有些是购买时客户自己都不知道。

例如，客户购买了一个笔记本电脑，基于以往的经验以为已经内置了操作系统和杀毒软件，结果发现并没有预装这些软件，而企业也以为客户知道因为软件正版化政策企业出售的所有笔记本电脑都已经不预装操作系统和杀毒软件了，结果是双方都不满意。

客户在使用过程中想装一个新的配件才发现这款笔记本电脑不支持硬件扩展，自然客户对企业的不满又增加了几分，客户流失也就在所难免了。

产品和服务的价格虽然是影响成交的关键性因素，但前提是客户和企业都要对客户的需求有真实的了解，产品和服务的价格必须与客户的真实需求匹配一致，产品和服务的价格能够满足客户的全部真实需求。

这个时候，"客户经济学"就是一个很好的客户需求分析工具，它为企业提供了一幅客户需求的全景图，企业在设计自己的产品和服务时，充分评估客户的需求，使产品和服务的价格与客户的需求一一对应，客户对这个价格所能满足自己的需求也清清楚楚，甚至自己没有想到的需求企业也想到了，客户自然就会认可这个产品和服务。而企业也可以从以往单纯的价格竞争中解脱出来，树立自己独特的产品和服务竞争优势。

二、使用产品所发生的各种维护成本和存储成本

使用产品所发生的各种维护成本和存储成本，就是客户在使用产品过程中必须支付的为保证正常使用产品的各种维护成本和存储成本，如维修费和维修次数、维护费、使用耗材、零部件更换、供电与占据的空间、操作人员，等等。这些都是一个产品在正常使用过程必须支付的全部或部分成本。

多数客户对这些并不了解，这无可非议，但如果企业对这些成本不加以分析，最终即使成交也未必会令客户满意。

在现实中，各种维护成本往往是一个潜在的巨大的成本。

例如，各种家用电器的售后维修常常是引发客户投诉和抱怨的主要原因。

现在许多家用电器的销售价格都比较透明，但是售后维修服务和价格非常不透明，有些时候几乎就是售后维修人员单方面的一口价，这引发了客户的极大不满。

因此，企业在设计产品和服务时，如果能充分考虑到客户使用产品时所发生的各种维护成本和存储成本，有针对性地提供一些功能和服务，那么不仅可以提高产品的竞争优势，也能提高客户的满意度和忠诚度。

例如，现在手机的玻璃屏幕成本非常高，如果一不小心掉到地上摔碎了，维修换屏幕要花费不少的费用。

聪明的商家设计了屏幕保险费这一个服务，用户购买了手机只需要再花费很少的费用购买一个屏幕保险，就可以在手机屏幕破碎时免费得

到维修。这样不仅满足了客户的需求，解除了客户的后顾之忧，也提升了商家的收入，毕竟购买手机的客户很多，真正不小心摔碎屏幕的概率还是很低的。

此外，产品的存储成本也是必须考虑的，无论是家用产品还是商用产品都要占据一定的物理空间、发生一定的仓储费用，体积大的产品更是如此，所以那些能为客户节省物理空间、节省仓储费用的产品一定会大受欢迎。

想当年，华为进入欧洲通信设备市场就是通过产品设计在节约物理空间方面做足了文章才赢得了客户的信任，最终在欧洲市场打开了局面。

那个时候，欧洲是GSM、3G移动通信技术发源地，是阿尔卡特、爱立信、西门子、诺基亚这些老牌的电信设备的地盘，华为开发欧洲市场就如同虎口拔牙，难度可想而知。这时，荷兰有一个小型的电信运营商叫Telfort，它购买了一张3G牌照，准备建网。

但它遇到了一个难题，放置通信设备的机房空间很小，已经放了一台2G设备，再放3G设备就没有空间了。Telfort想让阿尔卡特、爱立信、西门子、诺基亚这些大牌厂商为它设计小一点的3G基站，但是这些大牌通信设备厂商看不起Telfort这样小的电信运营商，不愿意为它单独开发产品，这些大牌厂商的经营思路就是"我卖什么你就用什么"。

后来万般无奈之下找到华为，华为抓住这个机会，为Telfort设计了分布式机柜，将以前一个机柜拆分成四个，这样机柜就变薄变小了，可以放到机房四边的墙上，不会占用太多的室内空间，就这样华为拿下了欧洲市场的第一单。

2006年，当时世界第一大运营商沃达丰在西班牙市场也遇到了同样的问题，沃达丰想到了华为的分布式基站，给了华为一次机会，最后华为不辱使命，成功满足了沃达丰的需求，这样华为在欧洲市场赢得了主流客户的信赖，最终在欧洲市场站稳了脚跟。

三、购买过程所需的时间以及熟练使用产品所花费的时间

客户从购买动念开始到熟练使用产品的这一段时间对客户而言也是一个巨大的时间成本支出。这个时间其实包括两部分，一部分是客户花在购买的时间，另一部分是客户花在熟练使用产品的时间。它不但是一种成本，也是效率的体现。但凡优秀的企业都会在这方面下功夫，巧妙地建立起与竞争对手的不同，带给客户超凡的体验。

现在网上购物已经成为一种主流的购物方式，甚至成为一种生活方式。各个购物平台都在想尽一切办法节省客户的购买时间，提高客户的购买效率，特别是缩短快递的时间，让客户尽早拿到自己的商品，提前享受购物的快乐，京东无疑是在这方面做得最好的，京东采取自己建设物流配送系统的方式，以"到货速度快"树立了自己独特的竞争优势。

同样是缩短购物时间，提高购物效率，亚马逊采取了另外一种方式，针对客户经常购买一些常用生活用品，亚马逊开发了"一键购"这样的小工具，它的外形像键盘上的一个小按键，一种产品一个按键，例如洗衣粉一键购、牛奶一键购、洗发水一键购等，这个小按键可以吸附到洗衣机、冰箱上，里面集成了Wi-Fi模块和一个小程序。Wi-Fi模块可以和互联网连接，这个小程序将打开亚马逊购物网站、登录账号、购买指定

的产品、支付、填写配送地址等一系列用户网上购物动作自动化。

例如，客户在洗衣服的时候，发现洗衣粉快没有了，客户只需要按一下吸附在洗衣机上的一键购按钮，就可以完成一系列的购买动作，而不用再打开电脑、拿出手机，完成登录网站、选择商品、支付等一系列动作。

这个小工具极大地提高了购物效率，方便用户购买那些生活中经常用到的产品，也培养了用户对亚马逊的使用习惯和忠诚度。

无独有偶，小米也采取了类似的方式提高了购买效率。大家都知道空气净化器需要经常更换空气滤芯，由于空气滤芯是定制产品，只能由厂商提供。有些时候空气净化器使用的时间长了，想要换空气滤芯却找不到生产厂家的联系方式，或者还需要客户上网去查厂商联系方式，然后联系厂商购买。小米采取了一键购的方式，小米空气净化器上设置了一个按钮，里面集成了一个程序。当客户想要换空气滤芯时，空气净化器自动登录小米的网上商场、下单、付款，然后客户只需要等着快递送货上门就行了。

现在越来越多的企业开始重视客户的购买体验，互联网时代，产品的价格越来越透明，产品的竞争已经开始从价格转向购买效率和购物体验。

关于客户学习时间，当我们说一个产品好用、易上手，那一定是说这个产品容易使用，不需要客户付出太多的学习时间。

在这方面苹果是做得最好的，我们发现苹果的产品，无论是成年人还是孩子都可以轻松地使用。让非专业人士也可以熟练使用电脑等信息产品，降低客户的学习时间和成本，降低客户的使用门槛，这些一直是乔布斯所追求的。

例如，苹果的电脑是第一个真正用上了图形界面的系统、第一个引进鼠标的个人电脑系统，这样操作电脑就不用输入复杂的命令，只需要动动鼠标就可以操作，图形界面和鼠标操作使电脑迅速从专业级的设备变成了消费电子产品，使市场空间迅速扩大。

同样，乔布斯重新定义了手机，随着移动互联网的出现，乔布斯敏锐地发现，用户对手机的追求已经不再是简单的通话功能，各种应用程序和良好的移动互联网体验才是现在以及未来用户所关注的焦点，而iPhone提前为用户准备好了一切，乔布斯设计的iPhone抛弃了之前常见的物理键盘，采取了触摸屏的方式，这样屏幕一下子可以变得很大，客户只需要动动手指就可以完成许多功能应用，于是，乔布斯将手机市场引入了另一个境界：智能、触控、大屏幕、应用程序，在传统手机市场还没有反应过来时，它已经成为了新一代手机市场的领军者。

同时乔布斯在设计与iPhone相配合的iOS操作系统时极为关注用户体验，iOS系统中的许多操作方式都是参考了人们生活中常见的操作方式，这样消费者几乎不需要学习就可以操作iOS操作系统。

乔布斯认为，最好的"用户体验设计"是一定不要浪费用户的时间！

四、在整个过程中必须承受的风险和付出的代价

就是客户在整个购买过程中，由于信息、知识的缘故，必须承受诸多的风险、心理负担，甚至要为购买决策付出代价。

比如产品使用安全性、环保性、能否如期交货、服务能力、故障率、

召唤效率，等等。在购买前都显现不出，只有购买后才能显现出来，这就是风险——必须为风险付出的代价可能是巨大的。

我们往往在谈判的时候忽略了一个重点，就是客户最关心的不是价格和价值，而是风险。

什么是风险？

当一个客户犯错而产生的潜在成本就是风险。这不仅仅是钱的问题，钱只是问题的一部分，如果没有做对选择，客户还需要付出包括社会、心理、情感在内的各种成本。

购买决定的风险越小，客户越可能选择你的产品或服务，不管价格如何。要真正理解风险，企业必须先从客户的角度看问题。尝试站在客户的位置，想想客户要购买企业的产品或服务，计算下他们要承担哪些风险。

一个简单的计算方法是，只需要问问：如果你的客户购买了那个产品，产品没有实现你说的功能，你的客户会因此有什么麻烦？后果是什么？他们的风险是什么？

企业也许会想："无论发生什么问题，企业都会负责解决的。"但很多时候企业以为客户都知道，其实客户并不知道。所以一定要记住，在考虑客户承受的风险时，一定要从客户的角度观察，而不是企业自己的角度。

风险的大小是由客户认定的，以下四种策略可以帮助企业降低客户可能会遇到的风险：

第一，与客户建立稳固、深入的关系。关系可以缓解风险，关系越紧密，风险就越低，这就是在竞争情况下与客户有长期关系的企业和销售人员总能获得客户的订单的原因。其实很多时候，获得客户的订单真的与价格无关，而是与风险有关。

第二，充分利用第三方推荐使用信息，如客户名单、案例分析、推荐信等。所有这些都在告诉客户，其他人都使用过企业的产品或服务，这就意味着客户购买它的风险降低了。

第三，尽可能尝试让客户亲身体验你的产品。比如，如果你销售的是一种设备，试着让客户试用设备，或者至少参观下其他使用这种设备的公司。越是让你的客户亲眼看到、感受到真实的产品，他们的风险就越小。

第四，要努力提供能够降低风险的相关服务，如提供试用期、退款保证、延迟付款、保证书、售后服务等。

总之，根据企业所处的行业特点，站在消费者立场，将消费者购买和使用过程中可能发生的各种顾虑与风险想清楚，制定相应的办法将这些风险消除掉，企业就可以赢得客户、有效提高产品销量。

第二节　总顾客价值

前面说过，顾客获得更大"顾客让渡价值"，既可以靠减少总客户成本，也可以靠增加总顾客价值。总顾客价值是指顾客为购买某一产品或服务所期望获得的全部利益，它主要包括产品价值、服务价值、人员价值和形象价值等，其中每一项价值因素的变化均对总顾客价值产生影响，下面我们分别进行说明。

一、产品价值

产品价值是指由产品的功能、特性、品质、品种与式样等所产生的价值，它是顾客需要的中心内容，也是顾客选购商品的首要因素，因而一般情况下，它是决定顾客购买总价值大小的关键和主要因素。

产品价值是由顾客需要来决定的，因而在分析产品价值时应注意两点：

第一，在经济发展的不同阶段，顾客对产品的需要有不同的要求，构成产品价值的要素以及各种要素的相对重要程度也会有所不同。例如在住房短缺时代，我们关心的是有没有房子住，"居者有其屋"；但随着国家经济的发展和人们生活水平的提高，这时我们对住宅的要求也更高、更多了，不但考虑产品的使用、设计，还要求住宅的小区环境和配套都要能满足我们的需求。

第二，在经济发展的同一时期，不同类型的顾客对产品价值也会有不同的要求，在购买行为上显示出极强的个性特点和明显的需求差异性。因此，这就要求企业必须认真分析不同经济发展时期顾客需求的共同特点以及同一发展时期不同类型顾客需求的个性特征，并据此进行产品的开发与设计，增强产品的适应性，从而为顾客创造更大的价值。

二、服务价值

服务价值是指伴随产品实体的出售，企业向顾客提供的各种附加服务，包括产品介绍、送货、安装、调试、维修、技术培训、产品保证等所产生的价值。服务价值是构成顾客总价值的重要因素之一，在现代的消费市场上，消费者在选购产品时，不仅注意产品本身的价值的高低，更注意产品附加价值的大小。特别是在同类产品质量与性质大体相同或类似的情况下，企业向顾客提供的附加服务越完备，产品的附加价值越大，顾客从中获得的实际利益就越大，从而购买的总价值就越大；反之，则越小。

因此，在提供优质产品的同时，向消费者提供完善的服务，已成为现代企业市场竞争的新焦点。

三、人员价值

人员价值是指企业员工的经营思想、知识水平、业务能力、工作效益和质量、经营作风、应变能力所产生的价值，企业员工直接决定着企业为顾客提供的产品与服务的质量，决定着顾客购买总价值的大小。

一个综合素质较高又具有顾客导向经营思想的工作人员，会比知识水平低、业务能力差、经营思想不端正的工作人员为顾客创造更高的价值，从而创造更多的满意的顾客，进而为企业创造市场。

人员价值对企业、顾客的影响作用是巨大的，并且这种作用是潜移默化的。

因此，高度重视对企业人员综合素质和能力的培养，加强对员工日常工作的激励、监督和管理，使其始终保持较高的工作质量与水平就显得非常重要。

四、形象价值

形象价值是指企业及其产品在社会公众中形成的总体形象所产生的价值，它包括企业的产品、技术、包装、商标、工作场所等所构成的有形形象所产生的价值，公司及其员工的职业道德行为、经营行为、服务态度、作风等行为形象所产生的价值，以及企业的价值观念、管理哲学等理念形象所产生的价值等。

形象价值与产品价值、服务价值、人员价值密切相关，在很大程度上是上述三个方面价值综合作用的反映和结果。形象对企业来说是宝贵的无形资产，良好的形象会对企业的产品产生巨大的支持作用，赋予产品较高的价值，使顾客的需要得到更高层次和更大限度的满足，从而增加顾客购买的总价值。

因此，企业应高度重视自身形象塑造，为企业进而为顾客带来更大的价值。

第五章　赢利模式

为什么两个实力相当的企业，面对同样的用户群体，提供同样的产品和服务，但是利润收益差距却很大？

究其原因，除经营能力差异等主观因素外，赢利模式的不同可能是导致利润差距的最大原因。

赢利模式简单地说就是赚钱的方式，每一个成功的企业都有一套独特的赚钱方式，与这种独特的赚钱方式相配合的是独特的资源配置方式和能力体系。

这种独特的资源配置方式和能力体系使企业具有了差异化的竞争优势，使企业在市场竞争中处于优势地位，从而可以获取更多的利润。

时任美世管理顾问公司的全球副总裁亚德里安·斯莱沃斯基先生很早就开始了这方面的研究，通过对40多个行业的200多家实力雄厚的大型企业和新创企业的深入研究，他总结出企业获取利润的36种模式，分为价值链模式、客户模式、渠道模式、资源模式、知识模式、巨型模式、组织模式、产品模式八大类。

无论是一个成熟的企业，还是一个初创企业，都会面临着一个赢利模式选择的问题。对于一个成熟的企业而言，企业会思考现有的赢利模式是否可以继续，企业是否需要改变自己的赢利模式。或者企业进入一个新的市场，是延续原来的赢利模式还是采取一种新的赢利模式。

对于一个初创企业而言，企业也有必要思考，企业是采取业内同行都采取的赢利模式，还是采取一种新的赢利模式。

2011年，华为为了适应业务发展的需要，对企业组织进行了调整，开拓传统的电信运营商客户市场之外的新一片蓝海，形成了电信运营商业务、企业业务和消费者业务"三驾马车"的发展格局。

如何发展企业业务、企业业务采取什么样的赢利模式，这是摆在企业管理者面前的一个重要问题。

华为企业业务发展之初，主要延续了之前电信运营商业务的发展模式，同时借鉴了IBM的运营模式，采取了"大集成"的赢利模式，直接面对政府和企业客户，以自己的产品为核心，广泛集成合作伙伴的产品和服务，形成完整的信息化解决方案，为客户提供从咨询、规划、设计到交付的一揽子解决方案，这种赢利模式简单地说就是"直销+集成"。

这种赢利模式帮助华为在电信运营商市场取得决定性胜利，华为很想将这种赢利模式推广应用到企业客户市场上。

为此，华为企业业务部门加大内部调动和外部招聘力度，建立面向各个行业的直销队伍，组建面向各个行业的解决方案专家团队，形成了面向各个行业企业的解决方案，在两年的时间里，华为企业业务部门由最初的几百人迅速发展到约两万人的规模。

然而市场是残酷的，用当时华为企业业务CEO徐文伟的话来说："当我们进入企业市场时，就像走进了'非洲大草原'，兴奋得不得了，因为到处都是'猎物'。大家拼命地跟在后面去追，可是到头来一个都没有抓到，因为力量太过分散。没有聚焦，也就不能成功。"

事实证明，华为在电信运营商客户市场采取的赢利模式并不适合企业业务市场。在电信运营商客户市场，华为主要采取直销的策略，而且由于客户比较单一，需求比较集中统一，华为不需要提出太多的解决方案就可以满足大部分客户的需求，而且电信运营商的解决方案主要以通信产品为主，华为自己的产品就可以满足，不需要再集成大量的合作伙伴的产品；同时由于电信运营商业务较高的毛利率，也可以支撑华为保持一支人数规模众多的直销和产品交付团队。

但在企业业务市场，不同行业的客户需求和解决方案差异极大，华为不得不组建大量面向不同行业客户的直销和解决方案专家团队，人力成本极高。

同时，企业客户的信息化需求非常复杂，华为自己的产品很难满足客户的全部需求，华为需要集成大量合作伙伴的产品，这也导致华为企业业务的利润非常低，甚至亏损。

更为重要的是，华为进入企业业务市场，采取直销的方式，直接面向企业客户，就与原来的企业业务提供商形成严重的竞争关系，而这些企业业务提供商与相关行业的企业建立了长期而又密切的合作关系,这也导致华为的企业业务一开始就面临着残酷的市场竞争,客户订单的获取异常艰难。

总之,华为进入企业业务市场,传统的电信运营商的赢利模式已经严重不适应企业业务的发展。

针对这种情况,华为及时调整了企业业务的赢利模式,借鉴了思科在中国市场的运营模式,采取了"分销+被集成"的方式。

"分销+被集成"的赢利模式就是将合作伙伴推到前面,让合作伙伴直接面对客户,向客户提供完整解决方案,同时将华为的产品集成到合作伙伴面向客户的解决方案中,华为只要专心地做好自己的产品就行了。

采取被集成的赢利模式的好处包括:

第一,合作伙伴更了解客户。合作伙伴在一个行业里耕耘多年,对客户的需求非常了解,与客户建立了多年良好的关系,也具有很强的现场交付能力,更容易获得企业客户的订单,同时可以保持更低的成本。

第二,由于华为产品极高的性价比,合作伙伴为客户提供的解决方案里很愿意集成华为的产品,因此合作伙伴就成为华为产品的重要分销渠道,华为产品的出货量大大提升,产品利润也大幅提升。

第三,华为可以专注于产品研发,加强行业研究和产品研发,始终保持产品和解决方案的领先性,对企业客户形成强大的影响力,同时吸引合作伙伴更好地与华为合作,由此可见赢利模式对于企业的重要性。

下面,我们将对这36种赢利模式结合案例进行详细介绍。

第一节 价值链模式

价值链是哈佛大学商学院教授迈克尔·波特于1985年提出的概念，波特认为："每一个企业都是在设计、生产、销售、发送和辅助其产品的过程中进行种种活动的集合体。所有这些活动可以用一个价值链来表明，每一项经营管理活动就是这一价值链条上的一个环节。"不同企业在价值链不同环节的能力布局的差异，就形成了不同的赢利模式。

与价值链相关的赢利模式主要有四种，分别是价值链分拆模式、价值链挤压模式、价值链修补模式、价值链重新整合模式。

一、价值链分拆模式

对于那些采取"纵向一体化"的企业，价值链分拆模式就是基于内外部环境的变化，企业改变以往那种对原材料供应、产品制造和销售全过程控制的经营方式，开始将资源和能力聚焦到价值链的关键环节，从而获得比以往更大的竞争优势。

企业为什么要放弃对价值链所有环节的全面参与和控制？

主要是由于社会化分工，一些新的企业加入了价值链，并在某些环节形成新的竞争优势。这种竞争优势表现为新的企业在该环节上具有成熟、精湛的技术和较低的成本，企业与之合作比自己经营这个环节成本更低、收益更高。

企业可以聚焦在自己的优势环节，以快速响应市场的瞬息变化。

例如，在汽车制造行业，以往的企业无论是零配件生产、汽车设计、生产、销售都由自己独立完成，后来，随着社会化分工，汽车企业逐步将竞争优势聚焦到汽车设计和整车生产环节，汽车零部件的生产、汽车的销售、汽车的售后服务等环节逐步分拆给其他的合作伙伴。

现在许多互联网企业进入新能源汽车产业，就是采取价值链分拆模式，利用自己贴近客户的优势，将企业的核心能力主要聚焦在汽车设计和营销上，而将整车制造外包给汽车整车制造企业。

同样，华为在发展芯片业务时，也是采取了价值链分拆模式。芯片行业全产业链非常复杂，可以大致分为电路设计、芯片制造、封装及测试三个主要环节。整个芯片生产流程是以芯片设计为主导，由芯片设计公司设计出集成电路，然后委托芯片制造厂生产晶圆，再委托封装厂进行集成电路封装、测试，最后销售给电子整机产品生产企业，其中制造与封装过程中，需要利用许多高精设备和高纯度材料。而华为主要将自己的能力和优势资源布局在芯片设计环节，芯片的生产和封装主要由产业链上更专业的企业完成。

二、价值链挤压模式

在一个非常长而复杂的产业价值链上，所谓价值链挤压模式就是削减低效和不必要的环节，从而形成更精简高效的价值链，这些低效的价值链环节之所以可以消除主要是由于技术进步和信息化等力量的推动。

价值链挤压模式是行业主导者不断树立竞争优势的重要手段，也是行业新生力量打破行业垄断，实现颠覆性创新的主要手段。

例如，传统手机制造业的产业价值链非常长且复杂，其中最为重要和复杂的是手机的研发设计环节。

传统手机产业链从芯片研发与制造环节开始，到各种应用程序开发阶段为止，所有环节必须环环嵌套，必须在芯片制造商与终端手机制造商的共同指挥下实现精密对接，而且这两者之间的协调更为重要。

由于芯片组功能复杂，差异化明显，所以芯片制造商所生产的特定款型芯片组只为相应终端手机制造商的特定型号手机所量身打造，例如高通的MSM6550芯片组仅为三星Glyde、黑莓8130等机型所采用。

后来，联发科发明了MTK手机基带芯片，该芯片在集成性能上的技术突破使手机的研发过程几乎被省略，技术门槛大幅降低，产业链环节被大大缩短，一下子降低了手机生产制造的成本和复杂度，使山寨机立刻爆发起来，中国也因此提前进入智能机时代。

三、价值链修补模式

就像一条大河上肯定会有一座限高最低的桥一样，高于这个限高的船都过不去，这个最低的桥就形成了一个瓶颈。在任何行业，其价值链上都会有最薄弱的环节，而薄弱环节往往会影响整个产业的发展。事实上，产业链虽然可以分割为不同的环节，但其本质仍是一个完整的系统。若要健康成长，就必须保证各个环节不出问题，不拖后腿。

如何处理好与价值链上下游或者系统之间的关系，是一个企业存亡的关键。

当企业价值链出现了薄弱环节，阻碍了企业的发展而需要提高的时候，就必须对该环节进行修补。具体的做法包括：由强势的高效率企业对低效率企业进行控制，或建立战略合作伙伴关系，或由产业链主导环节的领袖企业对产业链进行系统整合。

以电商行业为例，物流是最为重要的一环，京东这些电商平台都选择了自己建设物流平台。为什么不用现成的物流企业呢？

一方面，当时的快递公司服务差，达不到京东的要求。2007年之前，京东送货服务是外包的，是和四通一达合作。而京东统计，在用户投诉里，75%都是针对快递送货，用户对送货速度、态度都不满意，还有频繁丢件现象，京东的电子产品动辄上千块，比起其他包裹更容易丢失。一旦丢件，京东和快递公司都有损失，甚至有的快递不愿意送京东包裹。

另一方面，大城市人口密集，物流成本低。像北上广深这样的人口密集城市，自建物流就更加合算。而且，越大的城市，送货速度也越快，上午下单下午送到都显得很平常。

此外，仓储投入都是实打实的公司资产。刘强东说过，快递投入的是人力，仓库投入的是资金。如果仓库选择租用确实省很多钱，但那不是公司的资产。但如果买地自建的话，这些仓库都是公司的固定资产，不像电商烧钱烧完就没了。

所以，自建物流，无疑是京东的巨大优势，很多人对京东的印象就是送货特别快，京东的成功很大程度上是对电商价值链薄弱环节修补的成功。

四、价值链重新整合模式

价值链的不断分解，使市场上出现了许多相对独立、具有一定比较优势的增值环节。这些原本属于某个价值链的环节一旦独立出来，就未必只对应于某个特定的价值链，而是有可能加入到其他相关的价值链中去，就好像连接多条道路、多种交通工具的交通枢纽一样，于是出现了新的市场机会——价值链的整合。

通过市场，选择最优的环节，把它们连接起来，就可以创造出一个新的价值链。几家甚至多家企业，可以在一个完整的价值链中，各自选取能发挥自己最大比较优势的环节，携手合作，共同完成价值链的全过程，从而最大限度地降低最终产品成本，实现更高的增值效益。

例如，携程网最早是一个专注飞机票代理的网站，是航空运输的一个非常重要的环节，随着网站的不断发展壮大，用户规模的不断上升，携程网慢慢渗透到酒店住宿预定、旅游景点门票、旅行社甚至是餐饮行业，携程网逐步变成一个覆盖交通、住宿、饮食、旅游、文化娱乐的综合交易平台，几乎颠覆了传统的酒店预定、旅行社、餐饮等行业。

第二节　客户模式

客户是企业利润的来源，但是要树立一个观念，并不是所有的客户都是有利可图的，不同的客户为企业带来不同价值的利润。

企业的能力与企业的客户类型相适应，可以从高端客户身上赚钱的企业未必就可以从低端客户身上赚到钱，所以必须认真研究企业的客户。

围绕客户的赢利模式主要有客户转移模式、微型分割模式、权利转移模式、重新定位模式。

一、客户转移模式

几十年前，赢利没有太大的神秘感。卖方提供一种产品，客户购买它，如果卖方向客户出售时价格高于成本，这笔交易就有利可图。

而在当今环境下，由于产品和服务的结构越来越复杂，企业往往不能非常清晰地了解：在每一个客户身上付出的成本与客户贡献的收入有多大差额。

事实上，如果把向客户出售的产品的收入和成本进行细致深入的研究，可能会发现：公司在许多客户身上是赔钱经营的。

这说明，并不是所有客户都有利可图。

在这种情况下，公司不保留那些无利可图的客户，把他们引向竞争对手，才是对自己更加有利的。

例如，IBM不断出售自己的业务给联想，其实就是在将自己无法实现赢利的客户转移给联想。

二、微型分割模式

行业发展早期，大部分客户得到的是标准的产品和服务，例如福特只提供一种车。

随着行业的成熟、技术的进步，客户的需求开始朝不同方向分化。于是企业对产品进行改进，以便更好地服务于不同的客户群体，客户得到的产品或服务也开始由相同到不同，再到独一无二，这就是微型分割模式。

分割得当的结果之一是更大的市场——客户愿意为充分满足他们需求的产品或服务支付更高的价格。

在这种新的环境条件下，分割最适当的公司能够最好地满足客户的需求，它们就是赢家。

宝洁就是微型分割模式的高手，洗发护理产品针对不同用户开发出不同的产品，但是成也萧何败也萧何，分割要掌握一个度，分割得太细，过犹不及。

分割得太细，用户规模自然变小，用户规模很难支撑产品的利润。

但最为关键的是，有些时候对客户细分往往只是企业的一厢情愿，客户很难知道自己到底属于哪一个细分用户群体，甚至客户并不认同企业对自己的定义和分类。

三、权利转移模式

客户与企业之间总是存在一种紧张关系。

权利在买方和卖方之间的分配，影响着每一次谈判和每一笔交易，并影响着利润在双方之间的分配。客户强大的时候，他们获得了真正的价廉物美；企业强大的时候，客户几乎没有选择的余地，不得不支付额外费用为企业创造高额利润。用一句时髦的话来说：就是今天你对我爱搭不理，明天我让你高攀不起。所以企业要及时判断与客户权利地位的转变。

例如，苹果手机在乔布斯时代，几乎引领了手机行业的发展，几乎是苹果生产什么，定什么样的价，消费者只能被动接受。

到了库克时代，随着苹果自身创新乏力，以及华为等竞争对手的异军突起，苹果手机的市场号召力逐步下降，消费者有了更多的选择，这个时候，苹果和消费者的权利和地位发生转变，苹果不得不调整自己的市场策略，采取降价的方式，吸引更多的消费者购买，以期维持自己的市场份额。

而华为的情况刚好相反，华为凭借着不断的创新，赋予华为手机更多的科技，产品质量不断提高，赢得消费者的信赖，华为手机也逐步向高端领域延伸，提升在中高端消费者中的市场占有率，开始获得更高的利润。

四、重新定位模式

当由于种种原因，企业无法从现有客户身上获取到足够的利润时，企业就有必要采取重新定位模式了。企业必须放弃眼前的客户，重新找到理想的客户，为持续性价值增加创造新的机会，万宝路香烟就是一个很好的例子。

万宝路最初将目标市场定位于"迷惘的时代"中的女性顾客，但没有实现预期的销售效果，这与女性顾客自身的消费行为是直接相关的，出于爱美之心，她们在抽烟时较男性烟民要节制得多，而且产品形象过于温柔，得不到男性顾客的喜欢，细分市场没有足够的规模。

重新定位之后，公司将目标顾客瞄准为对香烟消费能力更强的男性，使得市场规模扩大，而且将产品定位在西部牛仔这一刚毅、硬朗、具有男子汉气质的形象上，更是受到了广大男烟民的追捧，因而在市场上获得了极大的成功。

第三节 渠道模式

渠道是产品由企业到客户实现价值变现的关键环节，决定企业的存亡，与渠道相关的赢利模式主要有渠道倍增模式、渠道集中模式、渠道压缩/无中间商模式、配电盘模式、区域领先模式。

一、渠道倍增模式

传统企业的渠道模式往往比较简单，主要有直销队伍、行业分销商、百货店、批量经销商、夫妻店等等，企业往往采取一种或多种渠道模式的组合。

随着技术的发展，以及消费者需求的变化，越来越多新的渠道模式已经出现。为了更好地服务于消费者，企业必须选择与消费者消费偏好相一致的渠道，这就使企业的渠道模式更为复杂，可以服务和辐射更多的消费者，企业产品的销量可以实现倍增。

例如，传统手机的销售渠道主要有电信运营商的营业厅、位于城市的电脑手机城、家电大卖场。有些手机厂商也会建设自己专门的手机专卖店，特别是在开拓广阔的农村市场时，遍布城乡的手机专卖店对挖掘乡镇市场发挥了巨大的作用。

华为刚进入手机市场时，在销售渠道模式上也主要采取这些形式。

而随着互联网技术的发展和线上购物平台的成熟，小米独创了线上销售渠道的模式上，通过在互联网上建设销售网站，消除了建设线下传统渠道的成本，就可以以极高的性价比，面对特定用户开展营销，迅速聚集了大量的互联网新生代用户，用户规模和手机销售规模迅速超越了许多传统老牌的手机厂商。

华为借鉴了小米的线上销售模式，并且开发了专门针对互联网用户的品牌，与小米展开了激烈的竞争，最终与小米双双成为中国手机厂商的新贵，彻底颠覆了联想、三星等一大批老牌的手机厂商，也一度导致许多老牌的手机厂商彻底出局。

二、渠道集中模式

许多行业的渠道由数量巨大的传统的小规模零售店组成，因为它们靠近客户，可以提供个性化的服务，从而满足多数客户的购买标准和要求。

但是，小零售店的人工和管理成本高，导致客户为有限的产品和服务支付更高的价格，而且客户常常为买到所需东西不得不多走几家零售店。创新的渠道整合则将零散的销售网点进行整合，形成更大的销售单位。而消费者并不太在意销售网点的减少，因为他们能够用更少的钱买更多的东西，并得到更好的服务。

渠道的集中和分散无所谓好坏，重要的是能否为消费者节约时间、降低成本、提供便利。

以前在社区有大量的夫妻店，他们为居住在周边的住户提供日常消费品，虽然商品种类不是非常丰富，营业环境比较差，但是极大地方便了周边居民，即使在今天电商横行的时代，也顽强地生存着。

而许多大型的连锁生活超市，他们采取收购的方式，不断地收购这些夫妻店，将这些夫妻店进行整合，形成较大的连锁超市，提供丰富的商品、良好的购物环境以及标准化、贴心的服务，这就是典型的渠道集中模式。

三、渠道压缩/无中间商模式

多环节分销系统是传统商业中的一个普遍现象，商品从企业到用户手中往往要经过批发商、分销商、零售商等多个环节。这种多环节分销系统的好处是市场覆盖面广、渗透率高，几乎可以将商品流通到市场的每一个角落。

但这种多环节分销系统的问题是：商品流通周期长，从企业到用户手中往往需要较长的时间；另外，由于各个环节都需要赚取利润，必然导致到用户手中的商品价格高，企业也需要投入较大的成本对分销系统进行管理。

由于批发商、分销商、零售商都是合作伙伴，并不是企业自己的资产，所以渠道合作伙伴的忠诚度不高，很容易被竞争对手挖走。

随着互联网技术的发展，产生了渠道压缩/无中间商模式，就是把传统的分销渠道加以压缩或无中间商化，以便提高效率，更加接近消费者，或者消费者和供应商干脆建立直接的关系。

这种销售方式节省了中间环节，节约了中间费用，从而降低了产品价格，使消费者和厂家双方都获得利益。

随着互联网技术的发展，特别是电商的发展，应该说渠道压缩/无中间商模式已经成为一种必然的发展模式。

四、配电盘模式

配电盘模式就是我们常说的平台模式。

以往一个供应商要与多个客户发生交易，一个客户也需要多个供应商才能满足自己的需求，整个交易过程双方都承担很高的交易成本。而平台模式就是搭建这样的一个交易平台或者交易场所，将买家和卖家都拉到平台上来，平台为买家和卖家提供沟通服务、商业信用评价服务、宣传推广服务、搜索推荐服务、支付服务、物流配送服务等各种服务，通过这些服务，降低了双方的交易成本，平台方可以从买方和卖方的每一笔交易中收取少量的中介服务费用，虽然这笔中介服务费用极少，甚至对买家和卖家来说可以忽略不计，但是随着交易量的增加，中介服务费也是相当可观的。

有些时候平台提供商不收取每笔交易的服务费，而是创新了收费模式，通过为买家或卖家提供更优质的增值服务来获得收益。

平台型的渠道模式，参与交易的买家、卖家越多，交易量越大，平台服务商收取的中介服务费用以及增值服务费就越多，平台就越有价值，通信成本和交易成本将持续降低。

可以看出，平台模式具有典型的规模效应和天然垄断效应，奉行"强者通吃"的游戏规则，一般一个行业里只能容纳一到两个平台型企业。

五、区域领先模式

在许多行业，企业的业务范围几乎完全是区域性的，对于这类公司，从成本结构上看，发生的绝大多数成本是区域性的，例如人员成本、物流仓储成本、供应链成本、营销成本等等。企业如果跨区域发展，就会面临着极巨的成本上升，这类企业的发展模式就要采取区域领先模式，要充分利用区域优势，成为本区域的领先企业，而不要盲目地进行全国扩张，这样的企业主要包括大型零售企业、具有区域资源优势的制造型企业、教育机构、医疗机构，等等。

例如，大型零售企业都是建立在人口密度高、消费水平高、交通物流条件好的区域，离开了这些区域，企业很难赢利。

赢利能力强的制造型企业也往往具有典型的区域特征，例如，当地供应链配套齐全、有矿山或者港口，资源获取便利，有充足的劳动力，等等。这可以极大地降低企业的成本，提升企业的利润规模，这也是为什么制造型企业很容易形成集群效应。

第四节　资源模式

有些企业的发展和超额利润的获取离不开对特殊资源的掌控和整合，这些赢利模式包括稀缺资源占有模式、寄居蟹模式、资源整合模式、创业家模式。

一、稀缺资源占有模式

稀缺资源占有模式是指占有稀缺资源，开发独家产品，把竞争对手排除在外，建立起买方的独家市场，从而获得超额利润。

稀缺资源并不等于超额利润，因为一旦稀有，它就会成为众人追逐的目标，很快就会变成大家共有，也就不能获得丰厚的利润。

稀缺资源，只有独自占有享用，才能在竞争中取胜，赢得比别人更多的利润。

那么如何独享稀缺资源呢？

应当利用稀缺资源，开发出自己独家的产品，做成唯我独有，把竞争对手排除在外。

鄂尔多斯的羊绒产品的产量占到了全世界的25%，处于羊绒业的霸主地位，世界排名第二到第六的羊绒企业加起来，才跟它的规模相当。

鄂尔多斯为什么会如此成功呢？

它就是通过独占羊绒资源，然后开发羊绒产品，把鄂尔多斯做成羊绒产业知名品牌，再利用资金优势，全面垄断羊绒原料市场。

二、寄居蟹模式

寄居蟹模式是指企业找到与大行业或者大企业的共同利益，主动结盟，将强大的竞争对手转变为依存的伙伴，借船出海，借梯登高，以达到争取利润的第一目标，并使企业快速壮大。所以，寄居蟹模式简单地说就是"傍大款"模式。这种模式的本质在于，大企业有通畅的产品流通渠道,有广大的客户群体,而中小企业无论在资金、技术,还是在人才等方面都存在着诸多先天不足。

如果中小企业能够找到与大企业的利益结合点,与大企业结成联盟,就可以有效弥补自身的不足,自然也就可以分享大企业的利润大餐。

三、资源整合模式

独家占有稀缺资源,往往只有个别企业能做到,对于大多数企业而言,在资源上并没有什么优势,这个时候企业可以采取资源整合模式。所谓资源整合是指企业对不同来源、不同层次、不同结构、不同内容的资源进行识别与选择、汲取与配置、激活和有机融合,使其具有较强的柔性、条理性、系统性和价值性,并创造出新的资源的一个复杂的动态过程。

例如,蒙牛集团的创立者牛根生当年创业时,也跟很多人一样,几乎什么都没有,可是蒙牛却跑出了火箭一般的速度:牛根生整合工厂,整合政府农村扶贫工程,整合农村信用社资金。没有运输工具,牛根生整合个体户投资买车;没宿舍,牛根生整合政府出地,银行出钱,员工分期贷款。这样,农民用信用社贷款买牛,牛根生用品牌担保农民生产出的牛奶包销,整个北方地区300万农民都在为蒙牛养牛,而他没有花费一分钱。

四、创业家模式

必须强调创业家是一种极为重要而又稀缺的资源。创业家是冒险犯难去经营一个新创事业的勇者,而其中的佼佼者更是既创造了具有前瞻性的成长公司,也创造了富有价值的产品和就业机会,并为股东带来获利,企业的创业家则得天下。

应该说,每一个成功的企业创立之初,企业领导者都是创业家,都有一段光辉的创业奋斗史。

但随着企业的成功,这些企业的初创者要么逐渐老去,雄心不在;要么开始骄奢淫逸、自满膨胀。企业也开始官僚化,离市场更远,对客户的反应迟缓。这时,"规模不经济"开始发挥作用,抵消了企业规模带来的成本优势,与创业阶段相比,公司不再具有竞争力。

而这个时候,企业需要呼唤新的创业家。企业可以采取聘请具有创业家精神的职业经理人来管理公司,就像IBM聘请郭士纳重振IBM雄风一样,也可以像美国的思科公司、谷歌公司投资兼并创业家开办的公司,对创业家资源进行整合,使企业重新具有巨大的赢利能力。

第五节 知识模式

21世纪是知识经济时代,知识经济时代就是以知识运营为经济增长方式、知识产业成为龙头产业、知识经济成为新的经济形态的时代,知识和对知识的运营能力已经成为企业之间竞争的焦点。

知识模式主要包括经验曲线模式、从产品到客户知识模式、从经营到知识模式、从知识到产品模式。

一、经验曲线模式

经验曲线是一个人们较为熟知的概念,最早是由波士顿咨询公司的专家们提出的,在20世纪60—70年代的企业管理咨询业中风靡一时。经验曲线又称经验学习曲线、改善曲线,是一种表示生产单位时间与连续生产单位之间的关系曲线。

简单地说,一家工厂生产某种产品的数量越多,生产者就能更多地了解如何生产该产品,从生产中获得的经验也就越来越多。那么,在以后的生产中,工厂可以有目的地并且较为准确地减少该产品的生产成本。每当工厂的累积产量增大一倍时,其生产成本就可以降低一定的百分比,研究人员对各个行业的经验曲线效应进行了研究,发现下降的比率在10%~30%之间。所谓经验曲线模式就是企业通过对生产经营中的各种知识的发掘、发现、引用,知识的沉淀、评价、优化,知识的试用、修正、固化,知识的共享、传播、默化等方式,最大限度地发挥知识的价值,实现企业生产和经营管理成本的降低,企业产品规模和质量的提升,从而最终提升企业的竞争力。

说起经验曲线模式,最为经典的案例就是通用电气与六西格玛的故事。六西格玛(6σ或Six Sigma)最早作为一种突破性的质量管理战略是在20世纪80年代末的摩托罗拉公司成型并付诸实践,3年后该公司的六西格玛质量战略取得了空前的成功:产品的不合格率从百万分之6210(大约4西格玛)减少到百万分之32(5.5西格玛),在此过程中节约成本超过20亿美元。

随后，德仪公司和联信公司（后与霍尼维尔合并）在各自的制造流程全面推广六西格玛质量战略。

但真正把这一高度有效的质量战略变成管理哲学和实践、从而形成一种企业文化的是杰克·韦尔奇领导下的通用电气公司。该公司在1996年初开始把六西格玛作为一种管理战略列在其三大公司战略举措之首（另外两个是全球化和服务业），在公司全面推行六西格玛的流程变革方法。而六西格玛也逐渐从一种质量管理方法变成了一个高度有效的企业流程设计、改造和优化技术，继而成为世界上追求管理卓越性的企业最为重要的战略举措。

这些公司迅速将六西格玛的管理思想运用于企业管理的各个方面，为组织在全球化、信息化的竞争环境中处于不败之地奠定了坚实的管理和领导基础。

二、从产品到客户知识模式

从产品到客户知识模式是企业经营理念的巨大转变，企业的经营理念由以产品为中心向以客户为中心转变，由以前的"我生产什么就卖给客户什么"向"客户需要什么我就生产什么"转变。

以往，企业的知识积累都是关于产品研发和生产制造，而如果企业要做到以客户为中心，就必须增强在客户端的知识，例如客户的需求偏好、客户的消费偏好、客户的消费决策模式等，客户的需求影响企业的产品研发，客户的消费偏好影响企业的营销体系建设，客户的消费决策模式影响企业的广告宣传和定价策略。

客户知识是一个很复杂、很专业的系统，好在现在有专门的客户研究和市场调查机构可以帮助企业更好地了解自己的客户，丰富关于客户的知识。

而且在互联网时代，随着大数据等信息技术的应用，企业了解客户也变得比以前更容易。

海尔作为一家传统家电企业，在互联网时代积极向"以客户为中心"转型。

海尔特别强调开放式创新并建立了相关的平台，邀请消费者参与企业的产品研发。例如，海尔的雷神笔记本电脑是专门针对游戏玩家的专业笔记本电脑。在海尔以客户为中心的企业理念引导下，这个产品的开发团队积极研究游戏玩家对游戏笔记本电脑的需求，通过对网上某电商平台里的3万多条消费者对游戏笔记本电脑的差评进行研究，发现游戏玩家对游戏笔记本电脑的偏好，设计了雷神笔记本电脑，并且在产品的后续销售过程中，及时收集用户的反馈，对产品进行升级改造，最终从无到有，从有到强，短短几年就树立了自己在游戏笔记本电脑市场的强者地位。

三、从经营到知识模式

成功企业的经营管理能力是企业制胜的法宝，是企业管理者的智慧结晶。从经营到知识模式就是将成功企业的这种经营管理能力通过总结和提炼，从企业抽离出来，构建一套可以推广复制的经营管理体系，造福更多的其他企业，也为本企业带来更多的收益。

从经营到知识模式最典型的案例就是麦当劳和肯德基这类特许加盟连锁经营餐饮企业。

麦当劳最初只是开在美国高速公路旁边的汽车餐厅。当时汽车餐厅的用餐逻辑是，在厨师做出各种品类不够标准化的食品之后，服务员送到顾客的汽车上，顾客们在汽车上用餐，这就导致了整个用餐环境不够稳定。

麦当劳的创始人麦当劳兄弟对美国高速公路上非常流行的汽车餐厅进行改造，开发成了一套非常标准化的餐饮后厨系统，并将传统汽车餐厅里面五花八门的餐品，比如鸡翅、爆米花、汉堡包，缩减到销售额最高的汉堡、薯条、可乐三个品类上。再通过一套在流程和品控上都可以量化的后厨系统，比如，每个汉堡只放两片黄瓜，沙拉、芥末、油的用量也都被精准控制。

这一套可以量化的系统大大保证了汽车餐厅的出餐速度和稳定性，同时解决了当时整个汽车餐厅漫长且不稳定的候餐环境，这套简单高效稳定的餐饮后厨系统为麦当劳进行连锁大规模复制提供了保证。

紧接着，麦当劳餐厅的成功引来了麦当劳公司的创始人——雷克·洛克，雷克是真正把麦当劳餐厅带向连锁的关键人物之一。

雷克被这套"快速服务系统"所折服！他成为麦当劳的合伙人，开始大量开设麦当劳连锁店。

雷克对整个麦当劳公司最大的贡献是，通过人力筛选、品牌建立以及品牌内涵和外观识别上对整个麦当劳连锁餐饮进行标准化，这个标准化奠定了麦当劳连锁统一的扩张基础，所以说雷克·洛克采取的就是从经营到知识模式的赢利模式。

1961年麦当劳专门成立了麦当劳汉堡大学，将麦当劳的企业文化、经营理念、管理经验进一步系统化，向来自全世界的特许经销商和餐厅经理传授管理经验和企业文化，以达到产品和服务的一致性和连贯性，为全球各地的麦当劳连锁店输送人才和管理经营，确保了麦当劳50多年的飞速发展。

四、从知识到产品模式

知识往往是无形的，为了体现知识的价值，让知识可以交易和变现，就必须将无形的知识转化为有形的产品。将知识转化为产品的方式很多，最常见的就是出版书籍、制作培训课程、开发商业软件、专利授权等等。

例如，法国达索公司是全球著名的军用飞机制造商，该公司的经典产品包括"幻影"系列战斗机、"阵风"战斗机、"大西洋"反潜巡逻机、"美洲虎"战斗机、"阿尔发喷气"教练/对地攻击机等多款战机。

20世纪80年代末，达索公司将自己在飞机产品研发过程积累的丰富经验和一些专业化的3D设计软件进行商业化改造，开发出了名为CATIA的商业三维CAD设计软件，并专门成立了达索系统公司，将这一软件推向飞机、汽车、造船业等众多工业制造领域。

如今，达索系统公司的3D模拟和产品生命周期管理（PLM）软件已经在航空、航天、汽车、造船、大型工程等工业领域占据重要市场份额。

第六节　巨型模式

这个世界总有一些巨无霸企业，这些企业规模巨大，许多都是跨多个行业经营。许多人以为这些巨无霸企业经营业绩很稳定，企业抗风险能力强，其实这些巨无霸企业也很脆弱，稍有不慎，也会轰然倒塌。

那么，这些巨无霸企业在赢利模式上有那些选择呢？

这里提出走为上模式、趋同模式、行业标准模式、技术改变格局模式四种赢利模式。

一、走为上模式

"走为上"是三十六计中最后一计，指的是在迫不得已、没有其他办法的情况下，离开战场保存实力，才是最好的选择。

商场如战场，商场上抢占市场、争夺客户的激烈程度丝毫不亚于战场上的攻城拔寨、刀来剑往，这些巨型企业为了持续的发展，必然会进入许多新的市场、新的行业。然而，企业不是万能的，未必在每个市场、每个行业都取得胜利。那么企业在商战中持续投资而没有获得经济回报的情况下，就要考虑是不是用"走为上"模式。因为在无法取得竞争优势的情况下，继续与对手拼消耗固然壮烈，但是以战略眼光衡量则是十足的悲哀，此刻撤出未尝不是一个明智之举。

恒大集团是国内一家大型的年销售额突破两千亿元的房地产企业，除房地产这一主营业务之外，恒大还迅速完成包括足球、农牧、健康、文化、金融等众多领域的多元化布局。但是，在地产圈中一向崇尚超常规发展的恒大，能否将这一基因成功嫁接到其他产业并最终开花结果，却始终是一个谜。至少在现在看来，这条路不是有钱就能砸出来的。

2013年11月，恒大集团宣布进入矿泉水行业，高调推出高端矿泉水品牌——恒大冰泉，然后事与愿违，2014年矿泉水业务亏损达23.7亿元。虽然恒大集团尽了最大的努力，而且还创造了消费品行业的多个奇迹。

例如，100天内，恒大矿泉水集团拥有4000多名员工，363个销售分公司；一周时间并购长白山矿泉水厂，7天调试就正式出水；一个多月时间布置销售网点20多万家，后续每天布点8000家；最终的目标是110万家门店。但仍无力挽回市场的颓势，2016年在交了逾40亿元天价学费之后，恒大集团宣布出售旗下粮油、乳制品及矿泉水（包括恒大冰泉）等非主营业务，总价约为27亿元人民币，而恒大冰泉仅卖了18亿元。

二、趋同模式

在巨型企业面前，资本的力量可以推倒一切，过去多种不同行业中的坚固的竞争壁垒正在被推倒。在趋同模式下，以前属于界限分明的不同行业的竞争者开始对同一类客户展开争夺。

例如，以前生产空调的格力电器开始进入手机市场，生产手机的小米进入了空调市场，房地产企业恒大集团进入了矿泉水市场，生产家电的海尔、海信、格力也都进入了房地产市场。

在趋同模式下，企业面对的已经不是传统的竞争对手，而是其他行业的杀入者，这些新的竞争对手，往往采取与以往不同的竞争手段，向传统的行业领导者发起挑战。

在趋同模式下，新的竞争对手可以构建与传统的行业领导者相同的竞争优势，例如采取同样的价格竞争手段和低价策略，依靠前期在其他行业领域赚取的利润进行补贴，抢夺行业领导者的客户。

对于那些以高科技和专利构建竞争壁垒的行业领导者，新进入者往往采取并购科技创新公司的手段来快速构建自己在新的行业领域的科技优势。

例如，小米公司通过产品和营销创新快速成长为智能手机的主要竞争者，但走出国门，参与国际竞争，专利就成为企业发展的短板。

2014年，小米在印度遭遇"滑铁卢"，印度相关部门禁止小米在印度市场销售、推广、制造及进口涉嫌侵犯爱立信专利的相关产品，并要求小米和其印度当地的电子商务合作伙伴Flipkart暂时停止销售爱立信起诉的涉案专利产品；2015年，美国专利流氓Blue Spike起诉小米的大量产品侵犯其专利。直到2018年小米都准备上市了，还被酷派以涉及6起与酷派公司发明专利相关的专利侵权诉至深圳中院。从2015年开始，小米陆续从博通公司收购了31件无线通信专利，从英特尔公司购买了332件美国专利，从微软手中购得1500件专利，从诺基亚购买专利，等等，除了买买买，小米也在积极开展自主专利布局。中国市场虽然大，但国际市场必然是不可忽视的，而小米在国际上的专利布局还远远不够，与华为、中兴比起来，小米还有很长的路要走。

此外，新的市场进入者也会独辟蹊径，构建新的竞争优势来挖掘传统行业领导者构建的壁垒。

同样是小米，在进入智能手机市场时，面对传统手机市场领导者构建的庞大的覆盖城市和乡村的销售渠道网络，小米独辟蹊径，借助互联网，迅速构建网上营销渠道，建立起与传统手机厂商差异化的营销渠道体系，实现了对传统手机厂商的颠覆。

三、行业标准模式

俗话说，一流的企业做标准，二流的企业做品牌，三流的企业做产品。做标准的企业就是行业的标竿和领头羊，它是游戏规则的制定者，任何身在这个行业的企业，都得按该行业的标准来做，所以做标准的企业具有绝对的领先优势，可以通过提高门槛、提高标准来限制其他企业的准入，削弱对手的优势。作为巨型企业，行业标准模式是企业必然会采取的模式。

华为从30年前的一个注册资金只有两万元的代理公司发展为通信设备市场的巨无霸企业，积极参与行业标准的制定，争夺行业标准的话语权的策略发挥了巨大作用。

一直以来，华为对协议标准都非常重视。要拓展国际市场，就要遵守国际市场规则，因此，华为过去经常受到国外竞争对手在标准上的压制。

从2005年开始，华为进行全球专利布局，成功地由行业标准的"接受者"变为"制定者"。

目前，华为公司已成为148个标准组织的成员单位，更通过卓越的贡献成为IEEE、IETF、ATIS、BBF、ETSI、WiMAX Forum等重要标准组织的理事会成员。同时，华为在各标准组织承担了150多个主要职位，累计提交了超过2.3万件标准提案。

四、技术改变格局模式

技术可以改进产品的功能、降低成本、加快周转，为企业和客户带来一系列的便利。某些新技术的引入，会经常超出预期，改变整个战略格局。这种模式的强大力量在电视、录像机、汽车和个人电脑业已得到见证，例如，苹果就是典型的通过技术改变行业竞争格局的企业。虽然苹果不是一家技术驱动型企业，但苹果对技术发展保持敏锐的洞察力，每当软硬件等技术出现重大突破、变得比较成熟的时候，乔布斯通过商业天才的创新能力，将各种渐进式和颠覆式的技术围绕客户的需求进行组合和创新，开发出iPhone、iPad、AppStore这样颠覆型的产品和服务，牢牢占据整个行业的制高点，抢夺了大部分的中高端手机市场份额，夺走了手机行业利润中的大部分，也成为人类历史上首家市值破万亿美元的高科技公司，同时引领了到目前为止的手机创新方向。

第七节　组织模式

从管理学的角度，所谓组织是指这样一个社会实体，它具有明确的目标导向、精心设计的结构与有意识协调的活动系统，同时又同外部环境保持密切的联系。

为提高效率、利润与竞争力，企业会选择不同的组织形式，这里重点介绍技能转移模式、从金字塔到网络模式、基石建设模式、数字化业务设计模式四种赢利模式。

一、技能转移模式

企业的组织一定是为企业的战略、企业的经营策略服务的，当外部环境发生变化，企业的经营策略就会发生变化，企业必然会调整自己的组织模式以适应新的战略和新的营销策略，这也就意味着，企业的组织技能发生了改变和转移。

组织技能转移模式可以在若干个层面发挥作用，例如在职能性方面，企业的价值从制造、销售和研发转移到渠道、账面管理或授权上；在技术能力方面，企业的技术能力从硬件到软件工程，从传统能源汽车研发技术到新能源企业研发技术；在管理能力和价值方面，从线下的实体渠道运营管理到线上电子渠道的运营管理，从重视成本到重视服务，从关注业绩到关注人的价值观，如沟通、自我发展及培养等。

企业组织技能模式的改变必然会对企业的人才结构、组织结构和业务流程、机制等方面提出深刻的要求，并且产生一系列的改变。

20世纪90年代，IT行业发生了翻天覆地的变化，进入群雄逐鹿的新时代。而此时IBM的传统支柱产品——PC业务已经进入了衰退期，IBM陷入了前所未有的困境。

后来，在郭士纳的带领下，IBM踏上了从制造商到服务商的战略转型之路，耄耋之年的大象开始起舞。

历史证明，这次转型是非常成功的。2001年，IBM的服务收入达到349亿美元，占总收入的42%，首次超过硬件成为IBM的第一收入来源。

对于IBM来说，转型中真正的挑战在于组织改革。原有的销售和营销部以客户规模的大小分成若干组，每个小组的目标是在指定的责任区内，争取最多的客户，这种组织结构造成各自为政，内、外部资源的浪费严重。

1993年起，IBM对其组织结构机制进行重大改革，提出"客户中心"模式，对内进行组织结构改革，改变原有的"地域分割、各自为政"的组织体系，组建以客户为导向的组织结构。IBM将原有的机构和人员重新改造为面向不同行业的12个集团，并重组了全球的分支机构，彻底改变了"以产品为核心"的经营策略，以整合各种资源为客户创造价值。

二、从金字塔到网络模式

金字塔式科层组织结构是工业文明时代的典型组织形态，其典型特征是自上而下的指挥命令链条，从高层、中层、执行层形成金字塔式形态，基于专业分工形成专业职能部门，其特点是分工明确，组织边界清晰，权力集中，指挥命令层层传递；但同时，金字塔式科层组织结构管理层级多，决策重心高，对市场反应速度慢！

今天的企业，要适应复杂、不确定的外部环境，要应对消费者瞬息万变的需求，要抓住互联网与知识经济的发展机遇，就需要从过去那种金字塔式的、科层式的垂直组织结构逐渐向扁平化、网络化的组织结构转型，使组织变得更轻、更快、更简单、更灵活。

网络组织中不存在必然的上级和下属，网络组织中的每个个体的地位都是平等的，都是独立的"节点"；网络组织依靠开放性成长，所有游离在网络之外的节点都可以自愿加入组织。

海尔集团是国内较早对企业的组织架构进行网络化组织变革的企业。过去,海尔的组织是基于大规模制造模式下的金字塔结构,强调的是速度、效率和执行力,而现在个性化的用户需求要求组织更加敏捷、高效、小而轻,并具备迅速的应变能力。

为应对互联网时代的到来,海尔从2005年开始在战略、组织、人力等方面进行了一系列的探索。

海尔转型的目标就是要从"规模型企业"到"平台型企业",从传统制造家电产品的企业转型为面向全社会孵化创客的平台,组织要从封闭的金字塔体系变为开放的网络互联模式,互联互通各种资源,打造开放共创共赢的新平台,实现各方的共赢增值。

海尔转型后的组织叫节点生态圈组织,由小微和平台构成,是开放的、无边界的。海尔组织的基本创新创业单元是小微,小微生存的环境是平台。海尔节点生态圈组织上只有平台主、小微主和小微成员三类人,每个人都要转型为创客,员工不再是雇佣者和执行者,而是创业者和合伙人。

小微是独立核算、自负盈亏的运营实体,拥有"三权",即自主用人权、自主分配权及现场决策权。换句话说,小微用多少人、用什么样的人、什么时间用人无须层层审批,可以自己说了算;小微的报酬应该怎么分配、分给谁、怎么分,也可以自己说了算,企业充分放权给小微。小微是"三自"循环发展的,即小微是自创业、自组织、自驱动的。

"自创业"是指小微的成立不是上级领导命令出来的,而是创客自己在市场上发现机会和创业项目，自己决定是否成立小微去创业；"自组织"是小微根据项目的要求，可以自行组建自己的创业团队和创业资源；"自驱动"是小微根据市场、用户的需求驱动自己不断持续再发展。

小微的创业团队可以和开放的资本一起跟投到小微，与小微共担风险、共赢共享。小微的薪酬由原来的企业付薪，变成用户评价、用户付薪，即小微和创客为用户创造的价值越高，分享到的报酬也就越高。

三、基石建设模式

要滚个很大雪球，首先要用手将雪捏成一个坚硬的、湿润的核，然后放到雪地上滚，此外要有长长的坡和厚厚的雪，这样雪球才能越滚越大。

坚硬的、湿润的核是内在条件，在滚的过程中可以沾更多的雪而不散，长长的坡和厚厚的雪是外部条件，要求企业所处的市场，能为企业的发展提供势能和广阔的消费市场，这就是雪球理论。

基石建设模式与雪球理论有异曲同工之妙，基石建设模式就是企业的发展要先从某个竞争优势开始，然后围绕这个竞争优势，不断增强这个竞争优势，从而使企业不断发展壮大，这个竞争优势就是企业发展的核心和基石。

基石建设模式适合在一个发展相对稳定的市场，企业通过不断构建和优化自己独有的竞争优势，从而树立自己的市场竞争地位。

这种企业发展的基石可以是一个产品、一个技术专利、一个独特的资源，也可以是一种独特的经营模式、一种企业文化等等。

基石建设模式就是找到自己成功的竞争优势，然后不断地发展壮大它。

例如，德国的阿尔迪超市的核心竞争力就是低成本策略，低成本策略就是阿尔迪企业不断发展的基石。

阿尔迪的大部分商品要比主打"天天平价"的沃尔玛连锁店还要便宜30%，凭借其独特的低成本策略，阿尔迪超市在全球20个国家获得成功，开设了10000家商店，年销售额达871亿元人民币，成为沃尔玛和克罗格之后的第三大连锁超市。

阿尔迪保持超底价格的秘密：

第一，阿尔迪主张商品去品牌化，它的店里高达90%的商品是贴牌货。通过主张商品去品牌化，阿尔迪可以提供更便宜的价格。

第二，阿尔迪的店里仅仅提供900多种核心产品，这意味道着与其他大型连锁店相比，它用最小的租金、最少的库存来经营，这保证了它的较高资金周转率。

第三，阿尔迪连锁店货架上的商品都是按盒子或者件堆放着的，这意味着员工可以快速地补充货架，阿尔迪连锁店的员工花在补充货架上商品的时间非常少。

第四，阿尔迪销售盒装、预包装商品，这有助于减少损耗和储存成本。

第五，阿尔迪使用节能照明，甚至使用开放天花板的现代设计来给商店带来自然采光。

第六，阿尔迪雇用很少的员工。

第七，阿尔迪鼓励顾客自带储物袋。

第八，阿尔迪连锁店从来没有做大量的电视广告宣传，这意味着阿尔迪可以用省下的钱来提供更便宜的价格。

第九，阿尔迪有一个智能购物车租赁系统，与其他大型连锁店提供的购物车不同，阿尔迪采用这个智能购物车租赁系统，顾客在使用前，必须投一枚硬币到购物车以解锁，顾客若要拿回自己投币所用的钱，那么就必须返还购物车，这也是阿尔迪连锁店的购物车总是那么整齐的原因。

第十，与大多数超市不同，阿尔迪连锁店的铺货原则只有一个，那就是根据销量增长，而不是因为哪个供应商给的优惠大就铺哪个供应商的货。

四、数字化业务设计模式

数字化企业的概念缘于欧美，是伴随着互联网的发展而产生的。数字化企业是现代企业运行的一种新模式，它将信息技术、现代管理技术和制造技术相结合，并应用到企业产品生命周期全过程和企业运行管理的各个环节，实现产品设计制造、企业管理、生产控制过程以及制造装备的数字化和集成化，提升企业产品开发能力、经营管理水平和生产制造能力，从而提高企业综合竞争能力。

数字化企业具有以下典型特征：

第一，标准化。信息技术标准规范和企业管理标准是数字化企业的主要特征之一，它用来约束和规范企业的信息化工作，并通过贯彻标准化方法，保证数字化企业的集成框架和信息系统的开放性、可集成性和系统柔性。

第二，网络化。网络化包括企业内部的网络化和企业间的网络化，网络化为知识、信息以及系统的集成提供了必要条件。数字化企业是架构在网络之上的网络制造系统，可以广泛利用各种企业和社会资源，实现网络制造和全球制造。

第三，集成化。数字化企业将数字化技术、现代管理技术和制造技术相结合，并应用于企业产品全生命周期的各个阶段，实现物流、知识流、价值流的集成和优化运行，达到人、经营和技术三要素的集成。

第四，协同化。数字化企业是一个基于网络的协同工作系统。信息化时代，企业之间的竞争逐渐演变为供应链之间的竞争，企业与合作伙伴之间的合作关系日趋紧密，企业之间以协同制造、协同商务、相互信任和双赢机制作为企业共同的运作模式。

第五，敏捷化。数字化企业形成了以虚拟制造和动态联盟为特征的新型制造模式，促进了敏捷制造的发展。它能敏锐地发现和抓住市场的机遇，快速地对多变的市场需求做出响应，缩短产品从概念到上市的时间，有效满足用户需求。

第六，绿色化。数字化企业是一种综合考虑资源效率的现代企业模式。它通过企业流程改造，生产过程重组以及系统综合集成提高企业制造过程的效率，使资源消耗最小。随着互联网和通信技术的发展，"数字化"企业将成为21世纪企业发展的必然趋势。

数字化企业并不是高科技企业组织创新的专属，在餐饮等传统产业，数字化企业的组织创新模式也让企业大放异彩，达美乐比萨公司无疑是最为成功的案例。

达美乐是美国快餐行业最早也是最成功谋求数字化转型、用信息技术来改造企业并取得成功的企业，达美乐早在2007年就开始推广移动端订餐，现在用户几乎可以在Twitter、Facebook、Apple Watch、Amazon Echo、Google Home等任何一个主流平台上下单，2016年，达美乐60%的订单来自数字平台。

达美乐在2011年上线过一款名叫"Pizza Hero"的应用，顾客可以使用这款App来自己设计比萨，模拟使用不同的面团，添加不同的原料，例如蔬菜、肉、酱料、芝士等。在完成制作后，可以直接在线下单，距离顾客最近的达美乐就会将顾客私人订制的比萨做出来。到了2015年，达美乐更是推出了一款逆天的App"Tummy Translator"，只需要打开App将手机听筒置于胃部，App就能根据对于顾客胃的扫描，定制一份"顾客的胃想吃"的比萨，然后可以直接下单购买。

2012年，无人机概念才刚刚兴起，达美乐就已经开始使用无人机给客户送餐了，2016年更是推出了比萨车DXP。

这些数字化工具不仅把比萨销售出去，还体现着达美乐的品牌理念。

通过数字化转型，2015年，达美乐实现了连续22年的增长，仅2016年一年在美国本土和国际市场就分别开了133家和768家新店，全球目前共拥有店面2.2万家，年收入22亿美元（合140亿元人民币），远远超过了比萨巨头必胜客和棒约翰。

第八节　产品模式

任何赢利模式的核心还是产品，服务都可以看作是一种特殊的产品，因为企业最终还是通过产品创造价值，所有的赢利模式都要建立在产品的基础之上，所以产品模式是最重要、最根本的赢利模式。

与产品模式相关的赢利模式主要有从产品到品牌模式、卖座大片模式、利润乘数模式、产品金字塔模式、客户解决方案模式、速度创新模式和售后利润模式。

一、从产品到品牌模式

前面讲过，一流企业做标准，二流企业做品牌，三流企业做产品。做标准需要付出巨大的人力、物力和财力，因而只有巨型企业才能操作，而做品牌是企业在做产品这条道路上发展壮大的必然选择。

从企业端来看，品牌是企业加在产品上的标识，它由名称、名词、符号、象征、设计或它们的组合构成，是区别于竞争对手产品的重要手段。

从客户端来看，品牌是消费者对一个企业及其产品、售后服务、文化价值的一种评价和认知，是一种信任。

企业为什么要做品牌？

因为好的品牌是广大消费者对一个企业及其产品过硬的产品质量、完善的售后服务、良好的产品形象、美好的文化价值、优秀的企业管理的认可。

好的品牌是能给企业带来溢价、产生增值的一种无形资产，能为企业带来超额的利润。

从产品到品牌模式就是要求企业将产品在质量、功能方面的优势转化为品牌优势，树立自己的品牌，从而获取比单纯经营产品更多的利润。

品牌的建立是一个长期的过程，同时也需要投入大量的费用。许多企业要么不愿意投入资金做品牌，只安心眼前微薄的利润。要么就是投入大量的广告费用，以期在短期内快速打响品牌知名度，拉动产品销售，却不知品牌的建立是一个复杂的系统工程。

海尔是国内较早将品牌上升为企业发展战略的企业。1985年还处在中国经济的短缺时代，电冰箱市场"爆炸式增长"，但仍然供不应求，很多厂家没有动力提高品质，注重产量但不注重质量。别的企业年产量都已经百万台了，海尔还不到十万台。

海尔的观念是如果员工素质不能支持，盲目扩大规模只能丢掉用户。海尔大胆提出"要么不干要干就要争第一"的理念，以"为用户提供高质量产品"为目标。

这时，海尔发生了"砸冰箱"事件，海尔的领导人张瑞敏带头将70多台有问题的冰箱都砸了，这70多台冰箱有许多都是轻微的质量问题，完全不影响使用，许多员工都说，砸了可惜了，实在不行低价处理给员工就行了。

但是为了唤醒员工的质量意识，不让一台残次品冰箱流向市场，张瑞敏还是带着员工流着泪将这些冰箱都砸了，连海尔的上级主管部门都点名批评海尔，但正因为这一事件，唤醒了海尔人"零缺陷"的质量意识。

后来，著名导演吴天明拍摄了电影《首席执行官》再现了"砸冰箱"的场景。

1989年市场疲软,很多冰箱厂家降价销售,但海尔提价12%仍然受到用户抢购,当时一张海尔冰箱票的价格甚至被炒到上千元。

海尔创业仅用4年时间,拿到了国家质量奖;1990年,获得国家质量管理奖和中国企业管理金马奖;1991年又获得全国十大驰名商标。

20世纪90年代末,海尔开始了国际化品牌战略。

2001年,中国加入WTO,很多企业响应中央号召走出去,但出去之后非常困难,又退回来继续做贴牌。

海尔认为"国门之内无名牌""不是出口创汇,而是出口创牌",并且提出"下棋找高手""先难后易",首先进入发达国家创名牌,再以高屋建瓴之势进入发展中国家。1999年,海尔在美国建立第一个海外工业园时,受到很多质疑,当时很多媒体说,美国的工厂都到中国来设厂,海尔反其道而行地跑到美国去设厂,最后肯定以失败告终。媒体有一篇文章题目就是5个字"提醒张瑞敏",还有媒体说:"别的企业到美国投资都不成功,海尔也很难成功。"

只看当时,海尔到美国去设厂肯定没有成本优势,但从今天来看,这无疑是个高度前瞻的、正确的决定,今天海尔满足美国当地消费者需求正是依托于美国南卡的海尔工厂。

2001年,美国当地政府为感谢海尔为当地所做的贡献,无偿命名工厂附近的一条道路为海尔路,这是美国唯一一条以中国品牌命名的道路。海尔打造国际化品牌就是按照"走出去、走进去、走上去"的"三步走"思路。

"走出去"阶段,海尔以缝隙产品进入国外主流市场;"走进去"阶段,海尔以主流产品进入当地主流渠道;"走上去"阶段,海尔以高端产品成为当地主流品牌。

这样,海尔逐渐在国际上树立品牌,成为中国品牌走向全球的代表者。

从2005年开始,海尔进入全球化品牌战略阶段,全球化和国际化的不同在于其核心是本土化,这和国内企业OEM不同,也和日韩企业派驻本国员工到全球各地不同,海尔是创立自主品牌,在海外建立本土化设计、本土化制造、本土化营销的"三位一体"中心,员工都是当地人,更了解当地用户的个性化需求。

现在,海尔已经在全球建立五大研发中心,21个工业园,66个营销中心,全球员工总数超过6万人。

其实,海外创牌之路很难,一般在国外培育一个品牌的赔付期是8到9年,所以,作为一个创自主品牌的企业,需要付出,需要有耐力。

从目前中国品牌海外市场的占比来看,虽然中国家电产量占到全球的49.1%,但中国品牌的品牌份额只有2.89%,而这2.89%里面有86.5%是海尔品牌,也就是说,每10台中国品牌的家电,有8台是海尔品牌。

这个阶段的标志事件:2012年,海尔收购三洋电机在日本、东南亚的洗衣机、冰箱等多项业务,成功实现了跨文化融合;之后,海尔还成功并购新西兰高端家电品牌斐雪派克(Fisher&Paykel);2016年1月15日,海尔全球化进程又开启了历史性的一页——海尔与美国通用电气(GE)签署战略合作备忘录,整合通用电气家电业务,不仅树立了中美大企业合作的新典范,而且形成大企业之间超越价格交易的新联盟模式,《华尔街日报》形容海尔创造了"中国惊喜"。

海尔在国际市场真正"走上去",成为全球化家电品牌。

截至2018年,海尔冰箱已经连续10年稳居全球销量第一,而在国内市场更是连续蝉联了28年冠军,海尔的品牌价值高达3000亿元。

二、卖座大片模式

卖座大片模式最早来源于影视出版行业。音像出版、影视制片、出版、制药等行业具有典型的研发投入巨大、产品推介成本高、产品生命周期有限的特点,而且不同项目的投入差距不大,但是收入却是天壤之别。

例如,一部影视片的制作成本为8000万美元,收入为2亿美元,另一部电影的投入为1亿美元,但是收入却有可能超过10亿美元。两部电影的投入差距并不大,而收入差异却有可能达到5倍之多,这种在产品开发成本大体相同,但只有那些发行量多的产品才能获得高额回报的模式,就是卖座大片模式。

根据卖座大片模式,当新产品开发成本较高且固定、开发之后的边际制造成本较低时,提高利润的最好方法是增加产品的销售量。根据这种理论,那些具有多个产品并且每个产品市场地位都一般的企业,不如选择少数几个有竞争力的产品,然后扩大这几个产品的销售规模,在细分市场成为具有支配地位的领袖。

卖座大片模式的杰出实践者是迪士尼公司,但是在其他行业也有许多成功案例,最著名的是通用电气。

20世纪80年代初期,时值美国经济萧条,通货膨胀日益严重,加上石油价格上升，生产率逐步下滑，极大地削弱了美国产品的竞争力，美国的传统制造业已经开始走下坡路。

而此时正是杰克·韦尔奇接手通用电气的时候，这家公司正逐渐成为一家臃肿庞大的官僚机构，对市场反应迟钝，在全球竞争中正走下坡路。

1981年韦尔奇担任通用电气CEO之后，立即大刀阔斧地进行改革。韦尔奇采取的就是卖座大片模式，将那些不赚钱或赚钱不多的产品线全部削减掉，而保留的产品线必须满足可以做到世界第一或者第二。

基于这一原则，在淘汰关闭旧业务的同时又不断增加新的品种，如此确保了随后的20年间，通用电气一直保持两位数的增长，市值从1981年的120亿美元增加到5000多亿美元，利润也实现了翻番的增长。

三、利润乘数模式

利润乘数模式是指从某一产品、产品形象、商标或服务，重复地收获利润。

应用利润乘数模式最好的例子就是迪士尼公司，迪士尼公司将同一形象以不同方式包装起来，米奇、米尼、小美人鱼等角色出现在电影、影视、书刊、服装、手表、午餐盒、主题公园、专卖店。不管采取什么形式，这些角色都为迪士尼公司带来回报。在迪士尼公司，没有人像这些角色那么忙碌。

对于拥有强大消费品牌的公司来说，利润乘数模式是一个强有力的赢利机器。一旦投巨资建立了一个品牌，消费者就会在一系列的产品上认同这一品牌。

当然，利润乘数模式的应用也有风险，因为品牌可能应用于一个对客户没有影响的领域。

迪士尼一直控制米老鼠形象的使用，避免将其应用于可能威胁其价值的地方。品牌是宝贵的资产，但也是很脆弱的。

在今天与利润乘数模式比较像的另外一个词是周边产品，周边产品也是指利用动画、漫画、游戏等作品中的人物或动物造型，经授权后制成的商品。

周边产品的种类十分丰富，有玩具、文具、食品、服饰、电器及各类生活用品，等等。

一般周边产品的生产商都会为提供原创动漫形象的漫画家或出版商支付一定比例的"著作权使用费"。例如，三辰卡通公司借鉴了迪士尼的利润乘数模式，从1999年开始，三辰卡通公司以"科普动漫"为切入点，制作了3000集、8万分钟的鸿篇巨制《蓝猫3000问》，创造了世界最长动画片的纪录。该片连续10年在国内各电视台反复播映，并出口到36个国家，迅速积累起品牌效应。在周边产品开发上，三辰卡通主要采取两种模式：一是自主生产和销售，二是品牌授权。

在最高峰时期，以"蓝猫"冠名的产品超过6600种，在全国拥有3000多家蓝猫产品专卖店。

后来的《喜羊羊与灰太狼》和《熊出没》的动漫制作公司都是在复制迪士尼的利润乘数模式。

四、产品金字塔模式

不同的客户有不同的偏好，个人收入和消费能力也存在差异。产品金字塔模式，就是建立一个多层次的产品体系，满足不同收入层次的客户的需求。

在金字塔的底部，是价位低、批量大的产品，在塔的顶部，是价位高、批量小的产品。大多数利润集中在金字塔的顶部，但塔底部的产品也具有重要的战略作用，它可以起到防火墙的作用，可以阻碍竞争者的进入，以保护塔顶产品的丰厚利润。

如果没有防火墙的作用，竞争者就有机会从低档产品进入，自下而上地威胁高档产品，从而威胁公司利润，产品金字塔模式在钟表业、汽车业、电脑业及信用卡业等领域应用广泛。

在应用产品金字塔模式时应注意，每一个档次的产品所定位的客户群一定要准确，高档产品力求做精，追求利润，低档产品力求做量，薄利多销。

例如，华为的手机业务就是采取了产品金字塔模式，将不同收入层次和消费偏好的客户一网打尽，占据了国内市场数一数二的地位。华为的手机有6个系列，通过划分不同的产品线来区分目标用户，并达到将自己的产品更精准地推送给用户的目的。

第一，mate系列，是华为的高端商务系列，屏幕大，配置高，待机时间长，主要面对人群是商务人群。

第二，p系列，主要面对时尚女性，整体比mate系列更加娇小，外观时尚艳丽，性能优异，拍照功能强悍。

第三，nova系列，主要面向年轻女性用户，且价格相对mate系列和p系列更便宜一些。采用华为中低端的处理器，增强了续航能力和相机，主打拍照功能，代言人多是时尚明星。

第四，畅想系列，主打中低端市场，主要针对2000元以下市场，算是入门级别的机型。

第五，麦芒系列，主要针对年轻的学生用户，采取是运营商合作定制的模式，主要走线下销售的方式。

第六，荣耀系列，荣耀是华为的互联网手机品牌，它是为年轻人而做的独立品牌，主要目的就是与小米竞争，抢夺小米的目标用户，突出特点是具有较高的性价比，其产品线也覆盖了高中低端，是华为销量最大的手机系列。

五、客户解决方案模式

很多时候客户购买一个产品并不是真正需要这个产品本身，而是要用这个产品去解决问题。例如，客户购买一个电钻，他真实的目的其实是想用这个电钻在墙上打一个洞，准确地说客户是想要购买一个墙上的洞。也许这个电钻买来就打了这样一个洞就再也没有用过，客户花的钱白白浪费了。

为客户提供解决方案需要对客户有深入的了解，需要了解客户如何购买和使用产品，以及使用产品的目的，虽然这是个昂贵而耗时的过程，但是一旦与客户建立了良好的关系，设计解决方案来帮助客户克服遇到的困难，以后就会带来大量的利润，因为解决方案系统是一个比单个产品大得多的系统，必然会实现销售收入的翻倍，同时，客户的高忠诚度，可以让企业从客户那里获得更高的、持续的利润水平。

应用客户解决方案模式的著名例子是IBM公司。前面说过，从20世纪50年代初以来，IBM公司一直是一家计算机硬件制造商，在20世纪90年代IBM陷入机构臃肿、步履蹒跚、颓势显现的局面时，1993年IBM大胆起用了郭士纳，临危授命担任IBM首席执行官，开启了IBM战略转型与管理变革之旅。在来IBM以前，郭士纳是美国运通公司CEO，运通公司是IT行业的大客户，每年在IT方面的花费超过10亿美元，IBM自然是其主要的供应商。作为客户，郭士纳比谁都更清楚IBM的长处和短处。郭士纳认为，当IT技术越来越复杂的时候，客户已经完全无力独自掌管IT系统，他们需要一家公司提供全方位解决方案，而此时有能力承担这一使命的只有IBM。

1993年郭士纳开始了IBM的转型之路，将这家曾经的信息产业硬件巨头转型为向客户提供产品和服务的整体解决方案提供商，在服务转型的历程中IBM开发了很多基于产品的增值服务，如基于IBM硬件产品的优化调试、系统整合、存储系统的设计，乃至互联网数据中心的设计，甚至包括互联网数据中心的机房建设、运营维护系统、安全系统等。

到2000年，IBM公司40%的利润来自服务业务，软件利润占比达到25%，硬件业务利润下降至24%，全球融资业务占比11%。

到2001年，IBM已成功转型为一家完全与众不同的IT解决方案提供商。

六、速度创新模式

在某些行业，首先推出创新产品和服务的企业具有先行优势，从而可以获取超额回报。随着效仿者的跟进，利润开始受到侵蚀，速度创新模式正是反映了创新者的先行之利。

在速度创新模式中，利润来自产品或服务的独特性，超额利润将随着效仿者的进入而逐渐消失。

速度创新模式的实质是，价格很高，利润丰厚，从而形成了一个利润区，但它只存在一个较短的时间，为了继续留在利润区中，不断地创新是唯一的办法。

当价值从已有的创新业务转移时，企业必须进行下一轮创新，以便进入下一个利润区。

应用速度创新模式成功的案例是英特尔公司、三星公司，三星公司甚至将速度创新模式叫作"生鱼片"理论。

所谓"生鱼片"理论指的是，一旦抓到了鱼，在第一时间内就要将其以高价出售给第一流的豪华餐馆，如果不幸难以脱手的话，就只能在第2天以半价卖给二流餐馆了，到了第3天，这样的鱼就只能卖到原来1/4价钱。而此后，就是不值钱的"干鱼片"了。

鲜鱼一旦捕获后，每天跌一半的价，而电子产品的开发与推向市场也是同样的道理。因此，电子产品市场的生存法则之一就是：在市场竞争展开之前把最先进的产品推向市场，放到零售架上，这样，就能赚取由额外的时间差带来的高价格。只要能缩短产品研发和推向市场的周期，就一定有利可图。

在市场上，只要迟到两个月，就毫无竞争优势可言。在这方面，没有哪家电子厂商做得比三星更好。兵贵神速，三星的产品永远是市场上的新鲜生鱼片。在高端电子市场上，三星不断率先推出各种优势产品：高端手机、宽屏背投式彩电、记忆芯片、数码摄录机、数码相机，每次都打了竞争对手一个措手不及，并凭借自身的时间优势赚取最高昂的利润。

七、售后利润模式

售后利润模式是指产品销售出去以后，通过为客户提供辅助配件、维修等售后服务来获得利润的模式。

基于利润转移理论，利润由价值链的制造环节转向销售环节和消费环节已经是一种趋势。同时，基于客户经济学原理，客户在购买产品后，在使用过程中会发生大量的成本，这就为企业开发售后服务利润带来了巨大的空间。

例如，在航空、汽车、家电、办公设备等众多行业，客户在产品使用过程中需要维修和保养，需要购买配件和耗材，很多时候，售后的利润已经超过了产品本身的利润。因此，有些企业往往采取售后利润模式，尽量降低产品的成本，而在配件上赚取利润。

例如，一台普通的彩色喷墨打印机价格在500元左右，而一个普通的黑色彩色墨盒就要100元左右，而且只能打印150张左右，如果一年打印1000张纸的话，墨盒的价格已经超出了打印机价格的好几倍。同样在航空、汽车、家电等领域，产品的维修和保养价格不菲，利润空间丰厚。

许多企业发现了其中的商机，转变经营模式，采取以租代买的方式，将产品销售转变为提供服务，不仅获得了巨大的利润，还降低了客户的成本，与客户建立了良好的关系。

例如，飞利浦公司主要为客户提供照明设备，为了迎合利润向价值链消费端转移，飞利浦在2011年推出了"不卖灯泡、卖照明时数"的创新服务PayperLux（只为你使用的光付费），并已经应用在荷兰史基浦机场。

飞利浦和史基浦机场签了一份15年的"照明服务解决方案"合约，由飞利浦依照机场需求，设计了3700个LED灯具和照明设备。

飞利浦保留照明设备所有权，合约期间包办所有管理和保养维修，机场只需要每月支付固定服务费。

飞利浦随时监控照明设备的运作与用电状况，一遇故障就马上派人维修，使设备维持在最佳能源效率的状态，汰换的灯具直接由飞利浦回收再利用。

史基浦机场因为有飞利浦代为管理、维护照明设备，电力消耗比过去降低了一半，既节省电费，也减少碳排放，而且公司资产负债表上少了一项资本支出，对整体财务和营运也有帮助。

而飞利浦公司也获利匪浅，为了在合约期获得更多的利润，飞利浦有了动力将产品设计得更坚固耐用、更容易拆解、维修。

同时，飞利浦也会有积极性主动负起回收责任，因为回收再利用已变成降低成本的手段之一。

通过灵活应用售后利润模式，并由卖产品转型为卖服务，飞利浦创造了客户和生产企业之间双赢的商业模式。

第六章　业务设计

前面章节已经简单地对企业设计进行了介绍，这里再深入地介绍一下。当然，为了避免与企业形象设计混淆，我们将这里的企业设计称为业务设计。

第一节　业务设计的四个战略要素

前面说过，美世咨询顾问公司出版的相关著作对业务设计进行了详细的阐述。业务设计如同产品设计一样，企业管理者站在企业自身角度通过整合各种资源和要素设计出一套商业运作系统，这套商业运作系统就像一台利润制造机器，源源不断地为企业产生利润。

一个企业的业务设计要重点关注四个方面的战略要素：客户选择、

价值主张和价值获取、战略控制和业务范围。

所谓"客户选择"是指确定企业的目标客户群。根据企业的竞争优势，企业必须在客户群体中选择最适合它的或者最有能力为其提供产品和服务的某个细分客户群体。

同时，当行业的利润转移到一个新的客户群体时，企业需要改变之前的目标客户群体。

对一家企业来说，改变目标客户群体可能是一个痛苦的变化，是企业最困难的决策之一，但也是最关键的一步。

提到客户选择，不能不提"二八定律"，企业80%的销售收入可能来自20%的产品，也可以说企业80%的业务收入可能是由20%的客户创造的。

更进一步，美国人威廉·谢登的80/20/30法则认为，企业20%的高价值客户创造了企业80%的利润，但这其中一半的利润又被企业30%的低价值、非赢利客户消耗掉了，也就是说，一些优质客户给企业带来的超额价值，通常被许多劣质客户给抵消了。

甚至在某些领域，20%的客户贡献了300%的利润，60%的客户没有贡献，剩余的20%客户则消耗了200%的利润。

传统观念认为，所有客户都同等重要，客户越多越好，因而企业往往盲目扩大客户的数量，而不注重客户的质量。但是，实际上，企业每增加一个客户都需要占用一定量的资源，而企业的资源是有限的，这就决定了企业不可能什么客户都要，竞争者的存在，也决定了任何一家企业不可能"通吃"所有的客户，企业只能选择那些支付能力强、信用好、与企业的产品和服务、能力相匹配的客户，所以在企业的业务设计中，

"客户选择"最为重要，是企业管理者首先要考虑清楚的，所以要排在第一位。

业务设计中排在第二位的战略要素是价值主张和价值获取，这是两个概念，我们放到一起说。

所谓价值主张，又被称为价值定位，就是企业为客户提供和传递什么样的独特价值，或者说企业要给客户带来什么样的独特好处。

"价值主张"要求企业必须讲明白：我的产品或服务帮助客户实现了什么价值？客户为什么会选择我？

"价值主张"的表述应该站在客户的角度，而不是企业自己的角度。也就是说，这些价值要素是客户可以感知到的，而非企业感知到的。

价值主张来自企业对选定的目标用户群体的深刻洞察，客户价值主张具有鲜明的个性特征，体现出企业与竞争对手相比的差异性和特殊性。

"价值获取"是指企业为上述目标客户群体创造价值的时候，如何得到回报，也就是我们前面用了大量篇幅谈到的赢利模式。

传统的方式是，企业通过销售产品和提供服务来获取价值，以产品为中心的思维将企业限制在这种传统的价值获取方式上。今天，创新的企业采取比从前更加广泛和丰富的获取价值方式，如前面提到的36种赢利模式，而这仅仅是经过行业管理专家总结提炼出来的一小部分，还有大量的价值获取方式在不断的创新和实践中。

总结一下，价值主张和价值获取其实是一个硬币的两面：一个是站在用户立场，明确企业的产品和服务能给用户带来什么独特的价值；另一个是站在企业角度，明确企业如何从用户那里赚到钱。

业务设计中的第三个要素"战略控制"是指企业如何保护自己的利润，如何构建企业的竞争壁垒和护城河来抵挡竞争对手疯狂的进攻。

巴菲特说过："一家真正称得上伟大的企业，必须拥有一条能够持久不衰的'护城河'，从而保护企业享有很高的投资收益率。市场经济的竞争机制导致竞争对手们必定持续不断地攻击任何一家收益率很高的企业的'城堡'。因此，企业要想持续不断地取得成功，至关重要的是要拥有一个让竞争对手非常畏惧的难以攻克的竞争堡垒""我们喜欢持有这样的'企业城堡'：有很宽的护城河，河里游满了很多鲨鱼和鳄鱼，足以抵挡外来闯入者。"

企业有许多战略控制手段，如行业标准、专利、品牌、版权、产品研发速度、明显成本优势、价值链控制、客户关系，等等。

如果一定要给这些战略控制手段排序的话，行业标准、专利、版权、品牌一定是排在前面的，这些战略控制手段需要大量的资金投入和长期的时间积累，竞争对手短期是很难攻克的；其次是产品研发速度、明显成本优势、对客户和市场的独特理解，等等。这些体现了企业在经营管理方面的高超水平，也是竞争对手很难模仿的；最后就是价值链控制、客户关系等战略控制手段，这需要企业善于与外部合作伙伴和客户建立长久稳定的利益关系，但用"利益"建立的堡垒也很容易被竞争对手用"更大的利益"瓦解，所以，价值链控制、客户关系等战略控制手段的控制力相对较弱。

业务设计中的第四个战略要素"业务范围"确定了企业的经营边界，一般有三层意思：第一层意思是经营范围，是指企业提供的产品和服务的范围；第二层意思是活动范围，是指企业在价值链上所占据的环节；第三层意思是与合作伙伴的合作关系。

经营范围决定了企业的业务范围的宽度，企业提供哪些产品和服务，各产品和服务之间的关系，企业会进入哪些行业，各个行业之间的关系。

活动范围决定了企业的业务范围的深度，企业处于价值链的下游、中游还是上游，还是占据整个价值链。

合作关系决定了企业与合作伙伴的关系和地位，企业为目标客户群体提供产品和服务是一个系统工程，而企业基于比较优势，往往只需要将自己的业务范围聚焦到企业最擅长的范围，这就必然会有合作伙伴的参与，企业必须明确，在价值获取过程中，哪些事情需要企业自己完成？哪些事情适合交给价值链上下游的合作伙伴？企业与合作伙伴的地位高低？企业对合作伙伴的依赖性有多大？合作伙伴可替换的可能性有多大？合作伙伴对与企业合作有多大兴趣？企业对合作伙伴的价值何在？如何拉动合作伙伴共同将蛋糕做大？

就像企业面对客户必须先有产品一样，企业开展生产经营活动，首先必须明确自己的业务设计。明确企业的目标客户是谁？企业给这些客户带来什么样的价值主张，企业如何获取利润？企业确保自己的利润不被竞争对手侵犯的保障手段是什么？企业做什么，不做什么，企业如何处理与合作伙伴的关系，等等。

因此，优秀的企业经营者首先是一个业务设计大师。

同时还应当看到，企业的业务设计是一个动态的过程，企业的外部环境在改变，强大而又多变的消费者、迅速跟进的模仿者，正在吸干昨天的利润池，将昨天赢利的领域变为明天的无利润区，企业必须随时进行自己的业务设计，而不是刻板地延续自己以往的业务设计或者简单地照抄别的企业的业务设计。

第二节　华为不同发展阶段的业务设计

我们以华为为例，分析一下华为在征战农村市场和决战国际化市场这两个不同发展阶段的业务设计。

在初涉通讯领域的时候，诺基亚、爱立信、摩托罗拉等国际巨头几乎垄断了整个通讯市场。同时，任何一个产品从研发到占领市场，都会经历一个非常漫长的过程，站在客户的角度，出于产品稳定性和品牌公信力的考虑，这些客户也不敢轻易使用一家小公司的交换机。

因此，在事业发展初期，华为的目标客户选择就是乡镇的邮电局，避开大城市国际通信设备巨头的锋芒，华为提供的价值主张就是产品物美价廉、服务热情贴心。

那个时候，通信设备市场是典型的卖方市场，产品供不应求，企业生产什么，客户就必须买什么，客户几乎没有讨价还价的权利，很多时候，客户都是在企业门口开着卡车排队等货，很多时候一等就是大半年，而农村乡镇邮电局这些客户更是被这些国际大牌企业放到了最后。

华为看准了时机，专门为这些农村乡镇邮电局开发针对性的产品，而且比同类产品价格便宜一半，还提供包退换货的服务，极大地给予了农村乡镇邮电局购买安全感，打消了这些乡镇邮电局的顾虑。

为了让这些乡镇邮电局客户早一点用上自己的产品，华为还专门成立了装机小分队，在1993年中到1994年初，华为的装机小分队背着行囊深入中国广大农村地区，日以继夜地为客户解决问题。

而这个时候华为的价值获取方式就比较简单，只是简单的设备销售，由于通信设备都是用铁盒子封装起来的，所以用华为的话来说，就是卖盒子；在战略控制上可用的手段不多，就是产品价格便宜、服务贴心及时，愿意深入农村与客户建立良好的关系，用真诚而又辛苦的服务打动客户、感动客户。

在业务范围的设计上，华为发挥了超强的创造力，与客户成立了合资公司，将客户变成了合作伙伴，实现了利益捆绑，形成了稳定的客户关系。

通过这种业务设计，华为在1994年到1995年之间拿下全中国一大半的农村市场，为后来的发展奠定了稳固的基础。

在华为成立20年左右的时候，华为的产品线、解决方案进一步健全，管理体系逐渐完善，品牌影响力、渠道能力、供应链能力大幅提升，华为不仅成功实现了农村包围城市，而且由国内市场走向国际市场，这个时候华为的客户已经从农村乡镇邮电局、国内电信运营商转变为国际先进电信运营商。

随着华为的业务在全球范围内的展开，其自身的能力也在不断地提升，在与全球先进电信运营商的合作过程中，华为逐渐形成了自身对电信运营的理解：对于国际先进电信运营商来说，华为提供的价值主张就是为客户提供高可靠性、低成本的整体解决方案。

首先，对于国际先进电信运营商而言，高可靠性是第一要求，如果由于电信设备的质量问题造成通信网络大范围、长时间的断网和崩溃，其后果是灾难性的。

其次，国际先进电信运营商都是上市公司，企业经营管理也面临巨大的资本市场的压力，降低成本，提高公司的利润，保持高速的增长，既是企业自身的经营目标，也是资本市场的要求，而与价值主张相对应的华为的价值获取方式也实现了多元化。

随着盒子越卖越多，在电信运营商的网络上运行的华为的设备自然也就越来越多，这时，华为的价值获取方式，由以往的单纯"卖盒子"，转变为"挖土豆"，即站在客户的立场，基于客户经济学的理念，挖掘客户更多的服务需求，为客户提供更多的服务：从对自己通信设备的维护服务，到对客户整个网络的维护服务，如提升网络性能的服务，提升网络质量的服务，降低在网设备的电力消耗的服务；从为自己的客户即电信运营商提供服务到为电信运营商的客户即广大的个人、家庭和政府企业客户提供服务，如改善最终用户的体验，降低最终用户的使用成本，提高最终用户的满意度，等等。

华为也由一个单一的通信设备提供商转变成通信解决方案提供商，进一步加深与电信运营商的关系，同时大幅增加了收入，实现了与客户的双赢。在战略控制方面，华为已经从以往的强调产品的性价比、强调对客户无微不至的服务，扩展为通过标准和专利构建自己的竞争优势。

前面已经讲过，华为在行业标准制定方面不遗余力，从2005年开始，华为进行全球专利布局，成功地由行业标准的"接受者"变为"制定者"。

目前，华为公司已成为148个标准组织的成员单位，更通过卓越的贡献成为IEEE、IETF、ATIS、BBF、ETSI、WiMAX Forum等重要标准组织的理事会成员。同时，华为在各标准组织承担了150多个主要职位，累计提交了超过2.3万件标准提案。在专利方面：华为在无线通信领域国际标准中拥有2000多件基本专利，2G领域拥有基本专利占全球总数的3%，3G领域拥有基本专利占全球总数的6%，4G领域有超过800件基本专利，占全球该领域的15%，位列全球第一。

在业务范围方面，华为已经从以前的单打独斗到现在建立了广阔的合作伙伴体系，现在华为的服务合作伙伴已超过900家，合作伙伴服务销售收入达25亿元，认证工程师超过13000人，拥有HCIE（华为认证互联网专家）证书的超过500人。

华为甚至还与以往的竞争对手建立了合作关系，例如，华为与3Com、西门子、NEC、松下、英特尔、摩托罗拉、朗讯、IBM等多家公司通过收购与合资方式开展多方面的研发和市场合作。2002年，完成对美国光通讯厂商Optimight的收购，增强自己在光传输方面的技术实力；2003年，与3Com合作成立合资公司，专注于企业数据网络解决方案的研究；2004年，与西门子合作成立合资公司，开发TD-SCDMA解决方案；2006年，与摩托罗拉合作在上海成立联合研发中心；2007年，与赛门铁克合作成立合资公司，开发存储和安全产品与解决方案；与Global Marine合作成立合资公司，提供海缆端到端网络解决方案等。

以上我们只是分析了华为在两个不同阶段的业务设计的差异，其实伴随着华为的发展壮大，业务设计也在不断地变化，而业务设计的能力也经历了一个从无到有、从低到高的过程。

在企业发展初期，华为还没有引入业务设计等相关理论和工具，只是基于对市场的洞察和经验积累开展了类似的工作，并不断地试错、纠偏、总结、提炼；随着华为战略管理体系的不断成熟，战略管理水平的不断提高，相关理论和工具的引入，业务设计已经成为企业战略管理的一个非常重要的内容，对华为的成长发挥越来越大的作用。

第三部分

华为的战略规划方法

PART 3

战略、战略规划、战略规划报告在这里都是一个意思，就是企业制定的关于企业在未来几年的发展方向、发展目标以及为实现这些目标而采取的可行策略的一份规范性的报告。

战略规划报告是企业最为重要也是最为基础的一个文件，一般需要通过企业的董事会决议，是企业一切经营管理工作的基础和前提。因此，战略规划报告的制定本身是一件极为重要的经营管理工作，也是一件有很高技术含量的经营管理工作。

战略规划报告制定的水平直接反映了企业的经营管理水平，也影响着企业的经营管理水平。一个经营管理能力低下的企业是无法制定出一个高质量的战略规划报告的，同样，一个粗陋甚至漏洞百出的战略规划报告不仅无法有效提升企业的经营业绩，甚至会将企业导向死亡。

许多企业都会制定自己的战略发展规划报告，甚至花钱请外部的咨询公司为企业制定战略发展规划报告，而真正能按制定好的战略规划报告执行并顺利实现企业战略规划目标的企业却少之又少。究其原因，一方面，企业管理者缺乏科学系统的战略管理思维。没有战略管理思维，企业管理很容易沦为机会主义和经验主义；另一方面，企业管理者缺乏一套科学规范的战略规划方法体系，将自己对企业发展的战略思考和行动策略形成文件，落实到纸面上，指导企业的管理团队落地执行。

许多企业的管理者都非常羡慕管理咨询公司有一套成熟的战略规划方法，可以按部就班地制定出质量相对较高的企业发展战略规划报告。其实，不同管理咨询公司的战略规划方法和工具大同小异。

前面说过，华为公司采用的战略规划方法论就是来自IBM的BLM战略规划方法，这也是IBM对当时各种流行的战略规划方法进行总结优化形成的，而且与VDBD（价值驱动商业设计）的战略指导思想一脉相承，是利润转移理论、客户经济学、赢利模式、业务设计等战略管理思想的综合应用。

BLM战略规划方法是一个成熟的模型和战略规划模板工具体系，它将VDBD（价值驱动商业设计）的战略指导思想融入到战略规划制定的每一个步骤之中。它模块化了战略规划的工作内容，通过对各个模块的内容进行要点式提问和解答从而循序渐进地一步一步完成战略规划的设计。

它的好处在于，一方面将战略指导思想融入到具体的方法论中，另一方面通过将战略规划工作进行步骤分解，形成一步一步的指定动作，从而使不具有战略规划经验的人也能有逻辑、可靠地完成战略规划报告的编制。

在BLM战略规划模型的指引下，制定企业的战略发展规划就变成了一个奇妙的商业游戏之旅，企业管理者在一步步地思考问题和解决问题过程中，完成了企业战略发展规划的制定。

BLM模型包括十一个模块，其中最核心的是八个模块，这八个模块分为两部分，一个是战略设计部分，包括四个模块，分别是市场洞察、战略意图、创新焦点、业务设计，另一个是执行设计部分，包括四个模块。

这里要说明一下，在BLM模型中的执行设计部分，指的并不是战略制订以后的执行工作，而是指战略规划在制定过程中就要考虑到如何落地执行，所以这四个模块的内容就是强调了战略规划的落地执行性，将战略目标转化为具体的战略举措和战略任务。这样战略设计的四个模块和执行制定的四个模块，再加上辅助的三个模块，就形成一个完整的战略规划报告制定的框架。

第七章　战略设计方法

前面讲过，战略设计部分涉及四个模块，分别是市场洞察、战略意图、创新焦点、业务设计，当然还有一个隐形的内容，就是差距分析。

差距分析是企业战略规划的起点，企业的经营出发点原则上是由经营结果的差距开始的，这个差距就是理想经营目标与实际经营结果的差距，企业的经营过程原则上就是一个不断缩小经营差距的过程，是一个关闭差距的活动。当然这里没有必要将差距分析作为一个单独的模块，因为差距分析其实是市场洞察模块里的一个重要内容。我们说市场洞察模块里面有"五看"，差距分析就是其中一看——"看自己"。

那么这四个模块之间有什么关系？

我认为是有一定的时间顺序的关系的。在实际操作过程中首先是市场洞察，然后是战略意图，接着是创新焦点，最后是业务设计。但在一个企业内部，在实际的战略规划设计过程中，往往是先从一个初步的战略意图开始的，由于企业是一个连续的经营实体，企业战略规划的制定也是年复一年的持续工作。企业在一个新的战略年度初期，也就是在战略计划制定的初期，其实已经有了一个初步的战略意图。因此，在实际战略制订过程中，我们在进行市场洞察之前，会参照一个预设的战略意图，这个预设的战略意图是和企业高层领导沟通的结果。

实际上，华为的战略管理流程体系中也明确地规定了，在制定战略规划之前，企业高层要有一个初步的战略意图的输入，然后再开始市场洞察，待市场洞察之后，再对战略意图进行修正和完善。

我们在具体研讨战略设计的制定方法时，先按照市场洞察、战略意图、创新焦点、业务设计的顺序展开。

市场洞察、战略意图、创新焦点、业务设计这四个模块，全面体现了"预测、定位、设计"的思想理念。市场洞察是预测，战略意图是定位，而创新焦点和业务设计就是设计。下面我们分别介绍这四个模块。

第一节　市场洞察

市场洞察的内容是什么？其实就是要分析研究整个行业的发展趋势，发现本行业利润转移的规律、利润转移发生的时机，发现未来那些对企业最有利的价值链环节，这个模块的指导思想就是利润转移理论。

那么如何才能洞察到未来几年后的利润转移趋势呢？

我们在利润转移理论里面已经说过，利润为什么会发生转移？因为有一些驱动因素，背后有一些推手，其中最为重要的是六个方面的因素。因此，我们在进行市场洞察时，其实做的是一个推导和预测工作，我们通过研究这些推动利润转移的因素，从而预测未来利润的走向和时机。

因此，市场洞察其实和迈克尔·波特的宏观环境分析、竞争环境分析的思路不谋而合，或者说市场洞察的六要素分析方法基本也是以迈克尔·波特的竞争理论为基础的。

如何进行市场洞察？

BLM模型方法论把驱动因素的分析简化为"五看"，提出从五个方面去看市场发展的趋势。这"五看"分别是：看趋势、看客户、看对手、看自己、看机会。

而在我们的实际操作过程中，对"五看"进行了修正，提出了"新五看"，分别是看趋势，如宏观环境分析、产业环境分析等；看客户，其实就是用户市场分析；看对手，就是竞争对手分析；看合作资源，就是合作伙伴分析，如供应商、经销商、政府机构、行业协会等；看自己，其实就是内部环境分析，通过业绩分析和差距分析，找到我们的优势与不足。

前面的"四看"，分别得到了企业面临着的外部机会和挑战，最后的一看，发现企业自身的优势和不足。"五看"相结合，最终得到企业可以抓住的机会点。因此，机会不是看出来的，而是分析出来的。

"新五看"的最终结果是要输出企业的机会与挑战、优势与不足，这其实和迈克尔·波特的竞争战略的环境分析是一脉相承的。

特别强调，在进行市场洞察时，前提是要明确企业的市场，包括企业现在的市场和未来要进入的市场。这里说的市场，也可以理解为企业的目标客户群体，包括企业现在的目标客户群体和企业未来要拓展的目标客户群体。

进行市场洞察，必须先对企业的市场、目标客户群体做精准的定义，企业的市场和目标客户群体一定是"看得见""摸得着"的，否则市场洞察就会流于泛泛。

一，看趋势

看趋势主要的分析要素可以参考迈克尔·波特的环境分析要素，如政治、经济、社会、技术等。通过分析这些要素，找到企业的机会与挑战。

看趋势，不是泛泛地进行环境分析，而是最终落脚点要看这些趋势如何影响企业的用户市场，明确企业面对的是一个什么样的用户市场，这个用户市场未来会发生什么样的变化，未来这个用户市场是利润丰厚区还是利润流失区，如果是利润流失区，利润都流向了哪里。

通过趋势分析，并结合企业的初步战略意图，要得到一个量化的结果：未来这个用户市场的空间有多大？企业期望占据多大的市场份额？企业可以实现的收入规模和利润规模有多大？

如果企业有多个细分用户市场，或者跨行业经营，那么每一个细分用户市场都要需要做这样细致的分析。

为了对未来趋势有更清楚的判断，BLM模型提供相应的模板，模板中会罗列出一系列的问题，通过思考和回答这些问题，帮助企业管理者对

未来企业所面对的用户市场有一个快速、清楚的了解,如:

- 当前市场正在或者可能发生什么样的变化?
- 影响这个市场发展的最大因素是什么?企业能否掌握这些驱动因素?
- 一个细分市场吸引企业的因素是什么?是规模?高速的增长?高利润率?还是其他?
- 这个市场总规模有多大?
- 这个市场的增长趋势如何?
- 这个市场的利润会发生什么样的变化?

……

二,看客户

客户是企业利润的最终来源,一个市场的核心就是客户,看客户就是从客户角度得出企业面对的机会与挑战。

看客户要利用客户经济学的系统角度去研究企业所面对的客户需求以及需求的变化,了解客户需求变化背后的原因。

同时,对客户的分析要用一个动态的、发展的眼光去分析,现在的客户有什么需求?未来客户的需求会有哪些变化?未来会有哪些新的有利可图的客户?

此外,客户是企业业务设计的四个战略要素的第一战略要素,所以,对客户进行科学的研究,有助于我们后面的业务设计,而对客户的研究角度也可以参考业务设计的四个要素。

同样,为了对企业的客户有更清楚的判断,BLM模型提供相应的模板,模板中会罗列出一系列的问题，通过思考和回答这些问题，帮助企业管理者对自己所面对的客户有一个快速而又清晰的了解，具体问题如下：

- 企业的客户都是什么类型？大型？中型？小型？
- 未来这个市场的客户规模如何？客户的流动情况如何？是不断增加？还是会不断流失？背后的原因是什么？
- 客户为什么要购买？他们购买的是什么？他们的实际需求是什么？
- 客户为什么要买我们的产品？或者客户为什么不买我们的产品？
- 促使客户做出购买决定的关键成功因素是什么？
- 客户的决策模式是什么？
- 企业是否了解客户的想法、需求、业务发展等问题？
- 为了赢得客户，我们要设计什么样的产品和服务？
- 我们的企业和产品在客户心目中的形象和地位如何？特别是相对于竞争对手，我们的企业和产品在客户心目中的形象和地位如何？
- 客户对我们产品和服务的态度是否满意？满意度如何？满意的地方有哪些？不满的地方有哪些？

……

三，看对手

看对手，就是要分析企业的竞争对手，不仅是直接的竞争对手，还包括潜在的竞争参与者、替代者。同时，要特别注意行业的潜在颠覆者，很多时候，打败一个企业的不是同行业的竞争对手，而是另一个行业的颠覆者。

同样，分析企业的竞争对手首先要对企业的客户市场有一个精准的定义，否则，企业要么找不到竞争对手，要么会研究许多竞争对手。

当然，在一个充分竞争的市场中，竞争对手可能非常多，企业可以挑选一些典型的竞争对手，如行业领导者、主要追赶者、直接挑战者、有特色的竞争对手等等。

为了对竞争对手进行更深入的研究，BLM模型提供了竞争对手分析模板，同样罗列了一些思考问题，如：

- 谁是企业主要的竞争对手？谁是企业潜在的竞争对手？谁会是未来市场的颠覆者？
- 他们的规模、市场份额有多大？
- 他们掌握的资源是什么？有什么独特性？
- 他们提供的产品、服务是什么？有什么特别之处？
- 他们如何为客户实现增值？他们提供给客户的价值是什么？
- 客户为什么要从他们那里购买（或者不购买）？
- 他们在这个细分市场里的优势、劣势分别是什么？
- 他们在企业经营管理方面有哪些值得学习借鉴的地方？
- 他们当前的问题是什么？我们如何利用这些问题？
- 谁是最容易战胜的竞争对手？
- 他们未来的战略是什么？他们如何看到这个市场的未来发展趋势？可能采取哪些行动？
- 他们对企业的发展战略有什么样的反应？
- 他们的经营活动将如何影响企业的战略？

- 企业如何能够从他们手中赢得市场份额？

……

四，看合作资源

合作资源包括供应商、经销商、政府部门、行业协会以及其他一切与企业利益相关并且可以合作的机构。

以往有一个说法叫作短板理论，就是要求企业要发现自己的不足，弥补自己的短板。而今天强调长板理论，企业要善于发现自己的长处，发挥自己的优势，打造自己的核心竞争力，而不足的地方，可以采取与外部合作资源合作的方式，弥补自己的不足，这也是当前社会化分工的结果，在互联网技术的支持下，外包、众包已经变成一种非常重要的经营方式。

在众多的合作伙伴中，除了传统意义上的价值链条上的供应商和经销商之外，特别要强调两类重要合作伙伴，一类是政府以及相关机构，另一类是领先用户，也可以称为粉丝用户。

政府以及相关机构是企业最为重要的合作伙伴，政府在中国的经济生活中发挥着巨大的作用，是区域经济发展政策的主要制定者和社会资源配置者，企业要善于解读政府的经济政策，了解政府的需求，主动适应和迎合当地产业政策的发展。

需要特别强调的是，这里我们说政府是我们重要的合作伙伴，并不是要企业搞好与政府某位领导的关系，搞钱权交易。迎合当地政府的发展意图和满足政府某位领导的个人私欲是两回事，许多企业都将这两者搞混了,将搞好与政府的关系搞成了与某位领导的个人关系,将支持政府的工作搞成满足某位领导的个人私欲,企业正常的经营行为变成了投机行为,结果企业的发展命运被绑在了领导个人的仕途命运上,许多企业最终就是因为这一点垮掉的。

领先用户,即粉丝用户,是用户群体里面一个非常特殊的群体,这些用户具有极强的参与积极性、奉献与分享精神,已经成为企业非常重要的合作伙伴,特别是一些产品和服务直接面向消费者的企业,企业通过制定一些机制和政策实现开放式创新,邀请粉丝用户参与企业产品开发、生产、销售的相关流程,贡献粉丝自己的聪明才智,从而帮助企业最大限度地生产出贴近用户市场、满足用户需求的产品,而粉丝用户自身在获得一定经济利益的同时也获得了极大的满足感和成就感。

同时,领先用户的带动作用,又可以影响更多用户的消费。

此外,对合作伙伴进行分析研究也是为后面的业务设计模块提供支撑。

同样,为了更好地对合作伙伴进行分析研究,BLM模型的相应模板提供了一系列思考问题,如:

- 企业都有哪些合作伙伴?
- 这些合作伙伴是如何开展业务的?他们是如何实现赢利的?
- 这些合作伙伴的需求是什么?他们的需求与企业的需求是一致的,还是相冲突的?
- 这些合作伙伴与企业的利益关系如何?
- 这些合作伙伴掌握的资源是什么?
- 企业还需要开发哪些合作伙伴?这些潜在合作伙伴的需求是什

么？他们的优势是什么？

● 竞争对手的合作伙伴有哪些？他们的合作方式是什么？他们之间的合作是否互相满意？

● 企业是否需要与竞争对手的合作伙伴合作？企业能否为合作伙伴带来比竞争对手更好的利益？企业如何与竞争对手的合作伙伴合作？有哪些风险？如果规避？

● 企业是否可以与竞争对手合作？双方有哪些利益点？与竞争对手合作的好处与风险点分别是什么？如果规避？

……

五，看自己

前面"四看"都是在做企业的外部环境分析，而看自己就是在做企业的内部环境分析，看自己就是对企业自身的阶段经营结果和经营能力进行分析，也就是在做差距分析。

前面我们说过，差距分为两种，一种是业绩差距，另一种是机会差距。

所谓业绩差距，就是现有经营结果和期望目标值之间的差距。

所谓机会差距，就是现有经营结果和采取新的业务设计所带来的经营结果之间的差距。

简单地说，业绩差距是做了什么事，但是没做好造成的，机会差距是没有做什么事造成的。

业绩差距常常可以通过高效的执行来弥补，并且不需要改变业务设计，而弥补一个机会差距却需要有新的业务设计。

如何进行差距分析,首先要明确差距分析的对象。

一种是面向过去的差距分析,另一种是面向未来的差距分析。

面向过去的差距分析是当期的经营结果与期初制定的经营目标之间的差距分析,分析经营结果没有达到经营目标的原因,提出优化改进的意见。

面向未来的差距分析是现有的经营能力和资源配置情况与未来的经营能力要求与资源配置要求的差距分析,提出基于未来的能力提升计划和资源配置方案。

在市场洞察模块里,在做差距分析时,可以先做面向过去的差距分析。然后在完成战略意图模块,明确未来战略定位、发展目标后,再做面向未来的差距分析,从而为后面的创新焦点和业务设计模块提供输入。

明确差距分析的对象后,第二个需要明确的是差距分析的维度,这个时候我们可以利用平衡计分卡工具,分别从财务维度、顾客维度、内部流程维度、学习与成长维度等进行分析,并且这几个维度之间存在一定的因果关系和相互支撑的关系,更有利于帮助企业管理者找到自己的优势和不足。

当然,BLM模型的相应模板也提供了一系列思考问题,企业管理者可以参考,如:

- 企业的经营指标完成得如何?差距产生在哪里?原因是什么?
- 企业有哪些业务细分(产品和服务)?各个细分业务发展的质量和速度如何?
- 企业的市场地位和市场份额是多少?

- 客户为什么购买我们的产品？
- 客户为什么不购买我们的产品？
- 我们为什么会失去客户？
- 我们过去做了什么帮助我们赢得了客户？
- 限制我们的因素是什么？
- 我们内部的机制和流程是否充分支撑业务的发展？
- 我们的资源是否足以支撑企业的发展？
- 我们的企业文化建设对企业发展有什么作用？

……

以上对如何开展市场洞察进行了详细的介绍。再次强调两点：

第一，市场洞察的"五看"必须聚焦，"五看"的出发点是站在企业现在所处的价值链的环节以及未来可能涉及的环节，"五看"围绕的核心是企业的目标客户群体。通过"五看"，发现目前所处价值链的环节的利润空间和利润转移趋势，明确企业未来面对的机会与挑战，明确企业决胜未来存在哪些优势和不足。

第二，市场洞察的输出成果既要能很好地支撑战略意图模块，也要为业务设计模块和创新焦点模块的内容设计提供支撑。

要很好地实现"五看"，需要具备两个条件：一是要有强大的竞争情报信息收集能力，二是要有专业的情报分析研究能力。

所以，在华为的战略发展部有一个专门的团队，叫作竞争情报团队，内部叫作MI，他们主要负责各种竞争情报的收集、整理和分析研究工作。

在华为，市场洞察是一个常态化的工作，并不是仅在制定战略发展规划时才开展,在制定战略规划时,只不过是将平时的市场洞察的研究结果直接引用或修改完善。

在具体的市场洞察研究工作中,第一步是收集各种各样的信息,尽可能广泛地去收集,将所有与企业有关的信息全部找来。这就要求企业建立常态化的信息收集渠道,有些信息情报可以从互联网等渠道免费获得,有些信息情报则需要向专业的信息情报研究机构购买。

例如,在华为内部常用的信息情报研究机构是欧文、GARTOR、赛迪等国内外专业的信息情报研究机构。

当然,最为重要的是一手的市场竞争情报,一线营销人员、客户经理、渠道经理是这些信息的主要收集者,这些信息往往实效性、针对性很强,但往往不成系统和体系,有些只是只言片语,有些还带有一线营销人员的主观臆测,这些信息很难见诸媒体和其他一些公开渠道,这些信息虽然真实性很难判断,但价值往往非常高,其中可能蕴含着巨大的商机。

因此,企业有必要建立一线市场竞争情报收集机制,鼓励一线市场工作人员,有意识地收集这类信息,及时向上级反馈,并对有价值的信息情报进行奖励,使一线竞争情报收集形成一个正向的激励和机制。

第二步是提出一些研究命题和问题假设,然后对相关的情报信息进行分析加工,获得这些研究命题和问题假设的答案,最终明确企业的发展机会,而这些研究命题和问题假设很大一部分来自企业经营管理团队,也就是战略意图模块,所以市场洞察和战略意图模块有着很强的互动。

市场洞察最终是要得到企业面向未来的机会点是什么、挑战是什么,企业的资源和能力现状是什么,然后指导企业在现在就开始进行资源投入和战略布局，这就由市场洞察模块牵引出了战略意图模块和业务设计模块。

例如，未来三到五年，主流的细分市场是哪几个，用户的需求是什么，需要什么样的产品，这些产品需要什么样的技术，哪些科研院和供应商有实力提供这些技术，对这些细分用户群体有影响力的合作伙伴是哪些。

当明确了这些信息之后，我们就可以提前与这些科研院所、供应商签订排他性的合作协议，提前掌握资源，提前跟国家标准总局、专利局合作开发标准和权利，屏蔽竞争对手；或者提前和一些渠道伙伴建立合作关系，加强对细分用户市场的培育。

因此，市场洞察的结果，最终是要输出和回答如下信息：

- 企业准备参与哪个价值市场的竞争？
- 这个市场有多大？其增长速度有多快？
- 这个市场上的客户的需求正在发生什么变化？
- 驱动这种变化的因素是什么？
- 本行业中涌现出什么样的赢利模式和商业模式？
- 当前的竞争状态如何，谁是赢家？谁是输家？
- 客户认可我们的优势和劣势分别是什么？
- 我们可以依靠的合作伙伴有哪些？他们的利益点是什么？
- 我们是否需要做出新的改变？如何改变？
- ……

第二节 战略意图

如果说市场洞察是在对未来进行预测，发现未来有哪些市场机会，那么战略意图其实就是在定位，就是要明确在未来的价值链格局中，或者说产业体系中，企业要处于一个什么样的地位，企业要占据哪个高利润环节，企业在这个利润环节中扮演什么角色。

战略意图体现在两个层面：

第一个层面是企业愿景，就是在未来的产业竞争格局中，企业要成为一个什么样的企业。

第二个层面是战略目标，就是企业未来3~5年要实现的宏大愿景目标，这是对战略愿景的鲜活描述。

如果说企业愿景是感性的，那么战略目标就是理性的，可以准确地进行量化和描述。

一、企业愿景

企业愿景是指对企业前景和发展方向的高度概括的描述，是企业的核心价值观，用以规定企业的基本价值观和存在的原因，是企业长期不变的信条，是企业组织聚合起来的黏合剂，企业的核心价值观是一个企业最基本和持久的信仰，是企业内所有成员达成的共识，也就是我们常说的"初心"。

BLM模型强调，企业愿景具有纲领意义，是企业与员工的感情契约。企业愿景基于现实但要有一定的挑战性，企业愿景可以帮助企业占据行业领先和优势地位，从而获得长期的可持续的获利能力。

企业愿景的作用主要体现在以下六个方面：

1. 提升企业的存在价值。企业愿景说明了企业存在的价值和理由。企业愿景可以分为三个不同层次：最高层是企业对社会的价值，中层是企业的经营领域和目标，下层是员工的行动准则或实务指南。

企业对人类社会的贡献和价值是企业赖以存在的根本理由，也是其奋斗的方向，它是最高层次的企业愿景，具有最高的效力；企业的经营领域和目标是低一层次的概念，指出了企业实现价值的途径和方式；行为准则和实务指南是在这个过程中应该遵循的经济和道德准则。企业愿景所处的层次越高，具有的效力就越大，延续的时间就越长。

2. 协调利害关系。对于一个特定的组织来说，利害关系者通常是指那些与组织有利益关系的个人或者群体。如果组织忽略了某个或者某些能够对组织产生影响的群体或者个人，就有可能导致经营失败。

企业在制定企业愿景时，必须界定利害关系者的类型，针对他们的利益诉求制定相应的策略。

如何识别各种各样的利害者，并通过企业愿景加以反映和协调，是企业高层管理人员的重要任务。

如果利害关系者的利益不能在愿景中得到尊重和体现，就无法使他们对企业的主张和做法产生认同，企业也就无法找到能对他们施加有效影响的方式。

3. 整合个人愿景。现代社会的员工特别是知识员工非常注重个人的职业生涯规划，都有自己未来的个人愿景。要使企业员工都自觉、积极地投入到企业活动中，就需要用企业愿景来整合员工的个人愿景。

企业在制定愿景的时候，应当激发员工的自觉参与意识，理解和尊重员工的个人愿景并将其恰当地融入到企业共同愿景当中。

4. 应对企业危机。在动态竞争条件下，环境的关键要素复杂多变且具有很大的随机性。企业的生存时刻面临着极大的挑战，处理不慎就可能演变为致命危机。

拥有较高层次企业愿景的企业在制订危机处理方案时，必须努力遵循源于经济理论、社会道德的企业愿景，以企业愿景为危机处理的基准才能保证企业的长远利益和社会认同。

企业愿景还有可能将危机转化为机遇，世界上成功的企业在面对危机时，往往为了保证愿景的贯彻而不惜牺牲巨大的当前利益，这些负责任的举动为它们赢得了广泛的尊重，无形中提升了企业形象，提高了在消费者心目中的地位，这些都为以后的发展奠定了坚实的基础。

5. 累积企业的努力。企业的现状是日积月累的努力的最终结果，而企业愿景就是有选择地、高效地累积这些努力的关键手段。

企业没有愿景，就会分散力量，导致经营上的问题，即使短期内有不错的业绩，也会因为和长期目标不够一致，各种力量会互相抵消。

在动态竞争中，环境要素复杂多变，拥有愿景的企业可以在别人还未看见、尚无感觉的时候，已经开始了对未来的规划和准备。相反，企业如果没有愿景，只是看着别人的做法亦步亦趋，终究要因为累积的时滞而被淘汰。

6. 增强知识竞争力。传统观念的企业竞争力是由产品或服务的生产能力、销售能力、资本的调配和运营能力等与企业利润直接相关的要素决定的，但随着近年来企业活动领域的巨大变化，企业开始重新审视竞争力的来源，组织知识和应变能力受到广泛关注，而企业愿景有助于知识和能力的获取及其作用的发挥。

企业如能制定明确的、长期的愿景，保持战略的稳定性和连续性，并保证一切战略战术行动均围绕愿景而展开，就能使组织知识拥有长期的战略积淀和深厚的文化底蕴，增强其路径依赖性，提高对手模仿的难度。

综上所述，BLM模型提出描述企业愿景至少要回答清楚以下三个问题：

● 企业的经营领域是什么？即企业业务领域和边界是什么？简单地说就是企业要明确做什么，不做什么？

● 企业在行业的地位是什么样的？是领导者？跟随者？还是参与者？是现有市场规则的维护者？挑战者？还是颠覆者？

● 企业与外部的社会、合作伙伴、顾客是什么关系？企业与内部员工、股东的关系是什么？企业能为这些利益相关者带来什么价值？

华为在1998年3月审议通过的《华为基本法》的第一章第一部分核心价值观里系统性地描述了自己的企业愿景：

华为的追求是在电子信息领域实现顾客的梦想，并依靠点点滴滴、锲而不舍的艰苦追求，使我们成为世界级领先企业。为了使华为成为世界一流的设备供应商，我们将永不进入信息服务业。通过无依赖的市场压力传递，使内部机制永远处于激活状态。

此外，在第一部分的核心价值观里，华为重点强调了与员工的关系、与客户的关系、社会责任等，对企业愿景进行了更进一步的解释和说明。

2017年12月30日，华为轮值CEO胡厚崑发表了2018年新年献词《致我们的三十而立：构建万物互联的智能世界》，提出了华为最新的企业愿景：华为立志为人类的发展做出贡献，做智能世界的使能者和推动者，把数字世界带入每个人、每个家庭、每个组织，构建万物互联的智能世界。

二、战略目标

战略目标指的是企业的中长期目标，是对企业经营活动预期取得的主要成果的期望值。在华为，指的是未来五年的战略目标，因为华为的战略发展规划一般是面向未来五年的战略发展规划。战略目标可以理解为将企业愿景的具体化和量化，从多个纬度、用数字化的语言去描述和解释企业愿景，将企业存在的价值和意义从理想状态拉回现实。

战略目标的设定，既是企业愿景的展开和具体化，也是企业在既定的战略经营领域开展战略经营活动所要达到的水平的具体规定。

BLM强调，战略目标是有效的、合理的，要采取灵活的运营模式赢得现有市场的增长机会，但同时保持快速适应市场变化的能力。

制定企业的战略目标，首先要有一套战略目标的指标库，这个指标库可以全方位地体现企业愿景涉及的范围和领域。

企业的战略目标指标库可以参考平衡计分卡，分别从财务维度、顾客维度、内部流程维度、学习与成长维度等制定相应的指标，形成一套互相支撑的指标体系，也可以将企业的战略目标指标分为业绩类指标、能力类指标、社会贡献类指标三大类。

业绩类指标主要包括收益性、成长和稳定类等反映企业财务运营情况的定量指标，能力类指标主要包括反映企业综合经营管理能力、研究开发能力、生产制造能力、市场营销能力、人力资源组织能力、投资能力、财务管理能力、企业内部经营风险管控能力等相应的指标。

社会贡献类指标主要是指企业用来满足与企业有利益关系的各个社会群体的需求的指标，这些社会群体包括企业的职工、股东，以及顾客、所在社区、当地政府及其他社会群体等。

无论采取哪种分类方式，这些指标的确定都要遵循一些原则，如宏观性、长期性、相对稳定性、全面性、可分性等。

1. 宏观性：战略目标是一种宏观目标。它是对企业全局的一种总体设想，它的着眼点是整体而不是局部。它是从宏观角度对企业未来的一种较为理想的设定，它所提出的，是企业整体发展的总任务和总要求。它所规定的，是企业整体发展的根本方向，因此，反映战略目标的指标要有一定的高度概括性。

2. 长期性：战略目标是一种长期目标。它的着眼点是未来和长远。战略目标是关于未来的设想，战略目标所规定的，是一种长期的发展方向，它所提出的，是一种长期的任务，绝不是一蹴而就的，而是要经过企业员工相当长的努力才能够实现的。

3. 相对稳定性：战略目标需要相对稳定性。它既然是一种长期目标，那么它在其所规定的时间内就应该是相对稳定的。战略目标既然是总方向、总任务，那么它就应该是相对不变的。这样，企业职工的行动才会有一个明确的方向，大家对目标的实现才会树立起坚定的信念。当然，强调战略目标的稳定性并不排斥根据客观需要和情况的发展而对战略目标做必要的修正。

4. **全面性**：**战略目标是一种整体性要求**。它虽着眼于未来，但没有抛弃现在；它虽着眼于全局，但又不排斥局部。科学的战略目标，总是对现实利益与长远利益、局部利益与整体利益的综合反映。科学的战略目标虽然总是概括的，但它对人们行动的要求又总是全面的，甚至是相当具体的。

5. **可分性**：战略目标具有宏观性、全面性的特点本身就说明它是**可分的**。它作为一种总目标、总任务和总要求，总是可以分解成某些具体目标、具体任务和具体要求的。既可以在空间上把总目标分解成一个方面又一个方面的具体目标和具体任务，又可以在时间上把长期目标分解成一个阶段又一个阶段的具体目标和具体任务。企业只有把战略目标分解了，才能使其成为可操作的东西。可以这样说，因为战略目标是可分的，因此才是可实现的。

制定企业的战略目标，第二步是要给指标赋值，即为指标确定一个目标值，这往往是比较难的。企业一般采取外部法和内部法，或者两种方法相结合。

外部法就是结合外部市场的具体发展趋势和企业愿景，制定一个与企业愿景相匹配的指标值，为了保证指标值的科学合理性，企业往往采取对标的方法，选择一个标杆企业，基于自身与标杆企业的相对地位，参考标杆企业的相关指标值，同时结合市场发展的趋势水平、增长速度、竞争程度，制定自己的指标值。

当企业面对一个新市场或者赶超竞争对手时，一般会采取外部法制定指标值。外部法较少考虑企业自身的能力现状，有一定的主观冒险性，企业往往通过速度和估值来取得经营优势，相应的风险比较大。

内部法，就是结合自身的能力现状、发展水平、成长速度，制定一个与企业愿景相匹配的指标值。

内部法以自己的经营历史数据做支撑，结合外部成熟市场可控可测量的发展速度和水平，制定的指标值相对比较科学合理。

内部法适合在一个成熟稳定的市场，企业强调稳健的经营模式，企业一般会靠规模和效率来获得竞争优势，采取内部法确定的指标值相对比较保守和稳健。

大多数企业在制定企业的战略目标值时一般是采取内部法和外部法相结合的方法，两种方法得出来的值互相印证，然后修改完善。

同样，战略目标值的制定也要遵循一些原则，如具体性、可衡量性、可挑战性、可接受性等。

1. **具体性**：在制定战略目标值时，应当结合公司所处的内外部环境，目标值要有具体的实现时间、实现的效果。

2. **可衡量性**：为了对企业管理活动进行准确的衡量，战略目标应该是具体的和可以检验的。目标必须明确，具体地说明将在何时达到何种结果。

目标的定量化是使目标具有可检验性的最有效的方法，但是，由于许多目标难以数量化，时间跨度越长、战略层次越高的目标越具有模糊性。

此时，应当用定性化的术语来表达其达到的程度，要求一方面明确战略目标实现的时间，另一方面须详细说明目标达成的效果。

3. 可挑战性：目标本身是一种激励力量，特别是当企业目标充分地体现了企业成员的共同利益，使战略大目标和个人小目标很好地结合在一起的时候，就会极大地激发企业成员的工作热情和献身精神。

4. 可接受性：企业战略的实施和评价主要是通过企业内部人员和外部公众来实现的，因此，战略目标必须被他们理解并符合他们的利益。但是，不同的利益集团有着不同的甚至是相互冲突的目标。

因此，企业在制定战略时一定要注意协调。一般而言，能反映企业使命和功能的战略目标易于为企业成员所接受。

另外，企业的战略目标表述必须明确，有实际的含义，不至于产生误解，易于被企业成员理解的目标也易于被接受。

在华为内部，指标值的设定一般采取由上而下和由下而上相结合的方式。企业决策层会基于市场洞察的结果、自身经营情况、企业愿景确定战略目标值的制定原则，确定几个关键指标的指标值，一般具有较高的挑战性，战略发展部基于既定原则进行分解落实，形成一套具体的、反映未来五年的战略目标体系，下发给企业的执行层。

企业执行层会基于市场发展情况、客户的实际需求、自身的经营能力，参考下发的指标体系，制定一份相对比较客观的指标值，然后由战略发展部进行汇总，形成一套来自执行层的反馈的未来五年的战略目标体系。

战略发展部会比较两份战略目标体系，聚焦差距较大的指标，充分听取企业决策层和执行层的意见，确定产生分歧的原因，提出指标值的修改意见，然后举行战略目标说明会，邀请企业决策层和执行层参与，进行充分的说明和沟通，基于讨论结果和达成的一致意见，对相关指标进行修改和完善，最终形成一份企业决策层和执行层都可以接受的战略目标体系。

第三节　创新焦点

当战略目标已经非常明确时，下一步考虑的就是如何去实现目标。

关于如何实现企业的战略目标，企业可以延续以往的经营模式，面对以往的目标客户市场，提供与以往类似的产品和服务，采取与以往类似的内部管理方式和市场经营策略，越是成熟稳定的企业越愿意复制以往的成功模式。

但是，未来的市场发展趋势是变化的，今天的用户市场可以为企业带来丰厚的利润，明天可能就会变得无利可图。企业今天足以骄傲的经营管理方式、市场营销策略，明天可能会成为阻碍企业发展的拦路虎。因此，企业必须以创新的思维进行思考。

前面已经说过，业绩差距可以通过延续以往的经营模式提高经营效率去弥补，但是机会差距则必须通过创新去实现。

如何去创新，一般从三个维度考虑。

一、业务组合

第一个是业务组合的维度，在华为内部又叫作"三个成长的地平线"。 我们可以将企业的业务分为三种类型：

第一种是当前的业务，也叫核心业务、成熟业务，是企业当前收入和利润的主要来源。企业的经营原则是尽可能地延伸、捍卫现有的业务，增加生产能力，扩大其利润贡献，确保企业可以继续参与市场竞争而不出局，企业关注的指标是利润、ROIC（投入资本回报率）、生产效率等。

第二种是已论证的有商业潜力的、可行性的业务，是增长业务，是市场增长和扩张机会的来源。企业的经营原则是逐步扩大其规模，增加市场份额，将其培养为新的市场机会点，使企业获得竞争优势地位。企业关注的是收入的增长和投资回报等指标，如收入增长、新客户/关键客户获取、市场份额增长、预期收益、净现值等。

第三种是那些论证可行的市场新兴机会。企业的经营原则是培养能力和价值、播种成长的机会，使企业改变现有行业地位、获得颠覆性发展。企业关注的是回报的多少和成功的可能性，相应的指标是项目进展关键里程碑、机会点的数量和回报评估、从创意到商用的成功概率等等。企业应当立足当下、面向未来制定自己的业务组合，兼顾短期利益和长远发展。说得简单点，就是吃着碗里的，盯着桌上的，还要想着锅里的。

二、赢利模式

第二个是赢利模式的维度，即对我们的经营模式进行创新。面向未来，企业的用户发生了变化，面向用户提供的产品和服务发生了变化，企业的赢利模式自然也要发生变化。

我们在前面提到了36种不同的赢利模式，未来市场上还会有更多的赢利模式，企业的任务就是审时度势，勇于创新，采取一种更适合企业未来发展的赢利模式。

例如，在收费模式上，以往企业是按产品硬件收费的，未来可以加大对软件、服务的收费。在产品交付上，以前更多是通过线下渠道进行销售，未来可能会更多地通过电子渠道、网商的模式，降低渠道交付成本，提升产品竞争力。在营销推广模式上，以往企业更热衷于电视广告、户外广告，未来可以采取基于大数据的精准网络营销广告，提高渗透率和精准度。

三、资源匹配

第三个是资源匹配的维度，通过对资源的合理匹配，实现创新。面向未来，企业的资源配置方式也要发生改变。资源匹配的创新分为两个层面，一是对资源本身的梳理、评估和整合，二是资源的组织方式。

资源指的是企业生存发展依赖的要素，最常见的资源如资金、土地、人才、能源电力、合作伙伴等等。未来，资源对企业的价值会发生改变，今天对企业极为重要和稀缺的资源，未来可能变得不那么重要。

例如，今天土地对于企业是极为重要和稀缺的资源，这是基于当前生产和消费集中化的现实，企业都会建在人口集中聚居的区域，企业可以方便地获得劳动力和消费者，虽然这样的土地往往成本很高。

未来，随着人工智能工厂的普及，企业都是由机器人生产制造，企业选址更愿意选在交通物流方便、能源成本低的地方。而人们由于可以采取互联网远程办公和消费的方式，居住在城市中心的人会越来越少。消费人口分散化，这对企业布设实体渠道会带来挑战。

同样，资金在今天是企业生产经营最为重要的资源，企业的融资渠道比较窄，大部分资金来源于银行等传统金融机构，融资成本高一直困扰企业的发展。

未来，随着大数据和信用系统的逐步完善，资金的来源会呈现多元化，企业可以从多种融资平台上筹集到企业发展的资金，由于信用体系的完善，资金的成本也会大大降低，企业的生产模式也会发生改变，例如企业采取众筹的方式，产品还没有投入生产，企业就能提前锁定收入。

资源的组织就是通过各种机制将资源形成一个有机的整体去完成特定的商业目的。资源的组织在企业最常见的是企业的组织架构、企业的各种业务流程、企业的各种规章制度、企业的各种利益分配机制等等。

资源的组织也要适应未来的发展趋势，例如，以人才为例，人才是企业最为重要的资源，当前大部分企业的人才组织方式是采取雇佣制的方式，在合同期内，员工与企业之间是雇佣关系，员工按要求付出劳动，企业按要求付出薪酬。

未来，人员与企业的关系可能会演变成创客和创业平台的关系。企业发展为一个创业平台，将各种资源放到创业平台上，员工转化为创客，员工在企业的创业平台上创业，充分利用企业创业平台上的各种资源，降低了自己单独创业的风险，企业用自己的资源换取员工公司的股份，成为了员工的股东，员工变成了企业的创业合伙人。面向未来，通过资源组织形式的创新，企业与员工的关系从雇佣制转化为事业合伙人制。

为了更好地帮助企业管理者进行创新思考，BLM模型提供了一个问题思考模板，启发企业管理者面向未来，大胆进行创新思考，如：

- 现有用户的需求在未来会发生什么样的变化，现有的产品能否满足这些用户的需求？
- 现有的用户市场和产品能否帮助企业实现未来的收入和利润？
- 未来更有利可图的用户市场是什么，他们需要什么样的产品和服务？企业现在的能力能够提供这些产品和服务吗？
- 未来企业赚钱的方式是否发生改变？
- 企业现在的赚钱方式存在哪些优势和不足？
- 未来客户更愿意采取哪种支付费用的方式？
- 企业现在的资源组织方式有哪些优势和不足？
- 企业现在赖以生存的资源未来会发生什么改变？
- 未来对企业更为重要的资源是什么？
- 企业如何获得这种资源？

……

第四节　业务设计

前面说过，战略规划其实就是预测、定位、设计三部曲。市场洞察是预测，战略意图是定位，第四个板块业务设计就是设计。简单地说，业务设计就是在回答如何实现战略意图确定的战略目标。业务设计模块直接应用了前面提到过的战略指导思想里面的业务设计的相关内容和思考要素。结合华为的实践，对业务设计中的战略要素做了整合，并增加了一些内容，形成了业务设计的六个战略要素，或者说给出了企业管理者进行业务设计的六个思考问题。

一、客户选择

战略规划是面向未来的，未来存在很大的不确定性，在错综复杂的竞争态势下，企业管理者通过前期的市场洞察，必须清楚回答如下一些问题：

- 我的客户到底是谁？或者换个说法，谁付钱给我，谁为我的产品买单？
- 现在的客户在未来还是我的客户吗？
- 未来最有价值的客户是谁？
- 这些客户可能会为我们带来怎样的收入规模和利润规模？
- 这些客户能否支撑我们在产业的定位？

只有将这个"谁"确定清楚，才能够使得战略方向不跑偏。回答这些问题一定要面向未来，企业管理者如果判断这个客户过去和现在跟企业合作很好，未来根本就没有价值，说白了他就不是企业的客户，一定要果断地抛弃。这很残酷，也很严肃，这是对一个大的公司和大的组织负责，是不能纳入感情因素的。因为一旦确实谁是企业的未来客户，就意味着从今天开始企业就要投入资源进行面向未来的布局，企业就要投入大量的资源和经营注意力到真正能为企业带来商业价值的客户的身上。

二、价值主张

价值主张其实比较难以理解，它在这里反映了一个深刻的生产导向向客户导向的变化，就是以客户的视角来看企业应该做什么。第一个问题回答了谁是企业的客户，第二个问题是要洞察企业的客户发自内心想要什么样的东西，他购买一个产品的深层次的动机是什么，这个东西就叫作价值主张。

研究一下奢侈品就会发现，那些奢侈品的供应商或者生产奢侈品的公司是最善于掌控客户的价值主张的。比如购买LV包的客户，她的价值主张是什么，是想购买一个可以装东西的容器吗？那么可以选择的产品有很多了。LV包的面料、生产工艺与其他品牌的包高不了多少，但价格却是天壤之别，客户为什么要花上万元买一个质量与几百元的包差不多的LV包？是因为LV抓住了这些客户购买这类奢侈品的价值主张：她买的不是包，而是别人羡慕她的心情。

所以换个专业的说法，价值主张就是企业为目标客户提供的独特价值，即企业提供给客户的独特的东西是什么，跟别的企业提供的产品的差别是什么。如果企业找不出这种差别，或者客户心底并不认同企业认为的差别，那么这个产品最终只能陷入残酷的价格竞争。当企业确定了目标客户以后，就要采取广泛而深入的调查，挖掘目标客户的需求和产生这种需求的深层次动机，发扬打破砂锅问到底的精神，连续追问五个为什么，确定目标客户的价值主张：

- 客户有什么样的需求？
- 引发客户这种需求的背后的动机是什么？
- 企业提供的产品能否满足客户的需求？
- 企业提供的产品区别于其他竞争对手的产品的差异点、独特点是什么？
- 客户是否能感觉到这种差异点？
- 客户是否愿意为这个差异点买单？
- 这个差异点能否为企业的产品带来高于竞争对手的收入和利润？
- 这个独特的差异点是否容易被竞争对手模仿和超越？

确定客户的价值主张很艰难，但价值主张实际上反映了企业思考问题的高度和深度。第一个问题回答谁是企业的客户，第二个问题回答了企业的客户发自内心到底想要什么，这两个是非常重要的，把这个研究清楚，才能驱动企业做后面的事情。

三、价值获取

价值获取跟价值主张其实是一个硬币的正反两面。价值主张是从客户角度看这个客户要什么，价值获取是从企业的角度来讲，企业怎么从客户那儿挣钱。

同样是卖包，企业是在最高档的商场租一个专柜去建一个品牌专卖店，还是在网上销售，或者是在路边搭个小棚子销售，这些都是企业价值获取的方式。

如果客户的价值主张是购买LV包，满足别人羡慕她的心情，那么企业的价值获取方式就是租最好的门面，雇用最漂亮的售货小姐，为她们提供专业化的培训，让她们能够为客户提供职业化的服务，让顾客感到舒服、美好。

企业要通过各种营销活动营造LV包的用户是世界上最高端的客户，企业还要制定高昂的价格，让拥有LV包成为有钱人的象征，企业要限制销售数量、推出限量版，让LV包成为一种稀缺资源，有钱都不一定能买到。

所以，价值获取方式与价值主张是相互对应的，有一种价值主张就有相应的价值获取的方式，否则很难实现利益最大化。

针对一种价值主张设计相应的价值获取方式，还是要从客户的需求出发，借助客户经济学的知识，回答好如下问题：

- 客户是产品和服务的直接使用者还是间接使用者？
- 客户愿意为这种独特的价值主张支付多少钱？
- 客户付钱的方式有哪些？
- 企业获得收入的方式有哪些？赚产品的钱，还是服务的钱？一次性？还是分批？是从客户身上赚钱？还是从利益相关者身上赚钱？
- 客户偏好的产品和服务的提供方式是什么？有哪些提供场所？
- 客户获取产品和服务信息的方式有哪些？
- 客户对产品和服务的质量的要求有哪些？

价值获取方式可以认为是价格、渠道、品牌、时间、质量、便利等商业要素的重新的排列组合，设计价值获取方式可以参考前面提到的36种赢利模式，从中选择合适的模式。

四、活动范围

由于企业生存的环境越来越复杂，每一个产品的制造和销售都涉及大量的相关环节，每一个企业其实都生存在一个庞大的产业链甚至多条产业链中，活动范围就是要全面审视整个产业链条，明确与企业相关的产业链成员的经营状态，确定与产业链成员的合作策略。确定企业的活动范围，需要思考如下一些问题：

- 企业在整个产业链的优势是什么？劣势是什么？
- 产业链中的哪些成员可以弥补企业的劣势？
- 这些成员的未来发展趋势是什么？经营状况是否稳定？
- 这些成员的需求是什么？他们与企业在战略上是否协同？
- 他们是否愿意与企业合作？
- 他们为什么愿意与企业合作？他们看重了企业什么？
- 企业应当采取一种什么样的合作模式？

……

五、战略控制

战略控制就是面向未来找到整个产业链和产业链发展演变趋势中那些最为关键的价值点，通俗地说也叫作竞争壁垒、护城河。面对未来这样一个有着丰厚利润的市场，想进入的企业肯定不止一家，企业必须建立起自己的壁垒，才能避免竞争对手对企业的冲击。在前面的章节中已经列出了一些关键战略控制点，企业要选择那些自己可以做到同时对自己最为有利的战略控制点。企业的管理者可以做如下思考：

- 针对特定的目标用户，他们在意什么，企业的优势是什么，企业区别于竞争对手的差异点是什么？
- 这些差异点是否会被竞争对手模仿和超越？
- 企业如何持续保持这种差异点和竞争优势？

……

六、风险管理

所有的事情都是有风险的，风险是无时无刻不存在的。为了确保企业战略目标的实现，企业一定要进行风险研究，梳理可能的风险点，对其中的不确定因素进行评估。毕竟，战略规划是在面向未来进行提前布局，任何没有发生的事情都有不确定性，都有风险发生的可能。企业需要评估那些风险概率比较大的事项，然后做出风险防范措施。企业管理者需要思考的是：

- 企业在进行业务设计时有哪些不确定因素？这些不确定因素会引发哪些潜在风险？
- 那些重大的风险是什么？
- 企业如何去防范这些风险？企业要采取哪些策略？

……

特别要注意，由于用户群体的差异性，其业务设计也不尽相同，所以，原则上，每个细分用户群体都要进行相应的业务设计。

当企业完成业务设计模块后，整个战略设计部分就完成了，为了确保战略设计这四个模块内容的一致性、逻辑的严密性，企业管理者需要进行一下回顾，将业务设计模块内容与前面三个模块的内容进行相互印证，看看是否解决了如下问题：

对市场洞察的印证：

- 这个业务设计所关注的客户市场是否是企业判定的未来最有价值的目标客户市场？
- 这个业务设计是否可以有效地满足企业未来所判定的那些目标客户的需求？
- 这个业务设计是否对那些影响企业未来目标客户市场的因素做了充分而有效的应对？
- 这个业务设计是否可以帮助企业在未来的客户市场竞争中充分发挥自身优势的同时弥补自身的不足？
- 这个业务设计是否有助于企业培养与竞争对手差异化的竞争能力？

对战略意图的印证：

- 这个业务设计是否可以实现企业的战略意图？
- 这个业务设计是否与企业愿景一致？
- 这个业务设计是否能实现企业的战略目标？

对创新焦点的印证：

- 这个业务设计能否帮助企业获得新的利润来源？新的利润来源是可持续的吗？
- 这个业务设计能否帮助企业消除机会差距？
- 这个业务设计是否可以帮助企业达成创新的目标？

最后将新的业务设计与原有的业务设计进行对比，明确企业想对原有的业务设计做出哪些改变，对企业的能力建设提出了哪些新的需求，企业要进行哪些资源的配置。这样，就自然而然地牵引出BLM战略规划模型的执行设计部分的内容。

以上是BLM战略规划模型战略设计部分的四个模块，这四个模块开始于市场洞察，终止于业务设计。整个商业逻辑过程就是通过研究发现未来的市场机会，即识别出未来利润最丰厚的产业链环节，确定自己在这个产业链环节的定位、要扮演的角色，以及与其他成员的关系，然后明确这个环节的目标客户、目标客户的价值主张；研究清楚利润获取的方式；制定好利润获取的战略控制方案，构建起企业利润的护城河；对可能的风险点进行识别和防范；建立与合作伙伴的合作机制。

其中，业务设计模块是整个战略设计部分的关键，是战略设计到执行设计的重要转折点。

关于战略和执行有两句话：做正确的事，正确地做事。战略设计就是在研究做正确的事的方法，而后面的执行设计就是在研究正确地做事的方法。

第八章 执行设计方法

正如前面所讲,这里的执行不是战略规划方案的执行,而是制定战略规划方案的执行部分。战略规划方案包括战略设计部分和执行设计部分,制定出科学严谨、可操作的执行方案事关整个战略规划方案的成败。

如果说战略设计是解决方向的问题(向哪里走,为什么向这个方向走),那么执行设计就是在解决如何走,第一步如何迈,组织、人力等资源如何投入等非常具体的问题。

执行设计部分也有四个模块,分别是关键任务与依赖关系、组织、人才、氛围与文化等。

第一节　关键任务与依赖关系

关键任务与依赖关系模块是连接战略与执行的轴心点，是执行其他模块的基础和开端。关键任务承接业务设计模块，是业务设计到关键任务的惊险一跳，也是战略得以执行的惊险一跳。

制定关键任务首先要准确地描述任务，特别要注意以下几点：

第一，关键任务要明确责任人。关键任务一定可以归属到某个具体的部门，如果没有具体部门承接，则关键任务就无法落地，也就制定得不合理。

关键任务与依赖关系模板

关键任务名称	
关键任务描述	☐ ……
完成任务的主要措施	☐ …… ☐ …… ☐ …… ☐ …… ☐ ……
阶段里程碑	☐ …… ☐ …… ☐ ……
相互依赖关系	☐ …… ☐ …… ☐ ……

图8-1　关键任务与依赖关系模板

第二，关键任务的目标一定是可以量化的，这样关键任务事后才能评价。关键任务的目标与战略意图中的战略目标是支撑关系，逻辑上由战略目标分解和推导出来的。它们之间的关系可以是子集与总集的关系，也可以是因果关系。总之，关键任务的目标必须是可以量化的，可按年度、季度、月度跟踪衡量和评价分析。

第三，关键任务细化的标准是可以依据常规进行预算。关键任务一定是一个常规的工作任务，可以用常规的手段对其进行财务预算，否则就无法进行资源配置，也就无法执行。

企业如何制定关键任务？如何从业务设计推导出关键任务，使战略设想和策略举措平滑地落地、软着陆？BLM战略模型给出了如下几个步骤：

第一，明确未来几年不同的竞争形势、发展环境。这主要来源于市场洞察，一般企业制定的战略发展规划是基于未来3~5年的，华为一般是制定未来五年的战略规划，后续我们都以五年为战略规划方案的规划周期。所以，要将前面的市场洞察的相关内容和结论具体细化到未来五年的每一年，明确未来五年的每一年可能会发生什么。

第二，将战略目标分解为未来五年的每一年的年度任务目标，每一年的年度任务目标要与外部的市场竞争环境预判保持一致。

第三，基于未来五年的不同竞争形势、发展环境和具体的年度任务目标，将业务设计的具体内容按年进行分解，形成任务事项，以支撑当年的年度任务目标。

第四，将每一年的任务事项和任务目标按照部门进行分解和匹配，使分解后的任务事项满足前面提到的三个特征，如有具体的责任人或部门、有具体的可实现目标、有以往成功的工作经验可以借鉴。

通过以上四个步骤，就可以将业务设计的相关内容顺利地分解和落实，形成具体的关键任务。

依赖关系则强调各个关键任务之间的相关性和均衡性，依赖关系是完成关键任务的必要条件。

业务设计是一个大的系统，它的实现和运营必须依靠整个产业链条合作伙伴的共同协助，同时业务设计形成的关键任务分解落实到每个部门，也需要企业内部的部门之间加强协作才能完成。

因此，必须确定每个关键任务的企业内外部执行单位之间的关系，并且确保各个单位的利益诉求，平衡各个单位的利益关系。

关键任务来源于业务设计，业务设计又来源于战略意图，而战略意图又是由差距激发的，最终通过实施关键任务来消除差距。因此，差距就像发条一样，驱动BLM模型各个模块的联动。

为了更好地帮助企业管理者制定关键任务和依赖关系，BLM模型给出了一些思考问题：

● 在未来五年战略规划周期中的每一年企业的内外部环境是什么样的？企业要实现什么样的年度目标？

● 企业业务设计的相关内容分解到未来的每一年都是什么具体的工作任务？这些具体的工作任务是否可以支撑当年的年度目标的实现？

● 这些具体的工作任务都需要企业来完成吗？哪些任务可以由价值链中企业的合作伙伴完成？

- 企业的战略合作伙伴与企业合作的动机是什么?企业与合作伙伴之间的利益关系一致吗?双方是否拥有共同的目标? 企业与合作伙伴之间的承诺是否值得相互依赖?

- 在不损害消费者利益的前提下,什么样的方案能够保持企业与合作伙伴之间的双赢关系?

- 企业与合作伙伴之间的权责利益关系明晰吗?双方是否都对之间的权责利益关系达成了一致的理解?

……

关键任务与依赖关系是执行设计部分的核心,决定了企业的战略规划最终能否落地执行。

关键任务清单

关键任务	负责部门
关键任务1:……	
关键任务2:……	
关键任务3:……	
关键任务4:……	
关键任务5:……	
关键任务6:……	
关键任务7:……	
……	
关键任务N:……	

图8-2　关键任务清单

关键任务与依赖关系最终形成一个关键任务清单和每一个关键任务的说明单，在每一个关键任务的说明单里，包括关键任务名称、关键任务的主要描述、关键任务的目标和阶段里程碑、完成关键任务的具体举措、完成关键任务的主要部门和协同部门以及它们之间的关系。

必须强调，关键任务与依赖关系是基于具体的目标客户群体的，因此企业需要针对不同的客户群体制定不同的关键任务与依赖关系。

许多企业制定的企业发展战略规划报告之所以最后被束之高阁，很难落地执行，关键原因是企业的战略规划最终没有形成科学合理的、可以落地执行的关键任务。

一方面，许多战略规划报告对企业愿景和战略目标设定得不切实际，企业愿景描述得过于灿烂，战略目标设定得过于宏大，但是到执行层面，由于人力、物力、财力等资源根本匹配不了，资源投入很难保证，所以很难落地执行。

例如，某汽车企业新能源汽车的生产装配线年产能只有几百台，但为了获得国家和地方政府的相关政策支持，为了在资本市场上获得投资人的资金支持，为了能在新能源汽车供应链上获得更多的好处，企业制定了一个宏大的战略发展规划，企业要成为未来几年新能源汽车行业的领导者，年产新能源汽车上万台；而实际上企业的资金实力、供应链的供货能力、生产线、生产工人、生产管理能力都无法与宏大的企业愿景和战略目标相匹配，而且这些资源和能力在短短的几年是很难形成的。这样的战略发展规划不仅政府不信、投资人不信、供应链厂商不信，连企业自己的管理者、职业经理人、普通员工都不相信，最终这家汽车的企业愿景和战略目标沦为行业的笑柄，企业一直苦苦地挣扎在生死线上。

另一方面，虽然企业愿景和战略目标制定得科学合理，但是支撑企业愿景和战略目标落地执行的战略举措和关键任务充满了挑战性和不确定性，许多关键任务企业员工从来没有从事过，没有过去的经验可以借鉴，完全是在摸索和试错中进行；企业也没有建立自己的战略合作伙伴体系，没有与之配套的合作利益机制；企业自己做缺乏经验，又没有可以合作的外部资源伙伴，自然战略执行结果就存在巨大的不确定性，企业愿景和战略目标显然无法实现。

第二节 组织

当我们将业务设计分解落实形成关键任务时，肯定会发现有些关键任务无法找到合适的部门去承接，有些关键任务现有流程不支撑，有些关键任务与依赖关系需要制定新的制度和机制，这就自然地引出了组织这个模块。

组织是关键任务与依赖关系得以落地执行的保障。这里的组织不是狭义的组织机构，而是广义的组织体系，包括组织机构、业务流程、支撑系统、制度体系和机制等，其中最核心的是组织架构，企业的组织架构反映了企业资源配置的方式。

正所谓战略决定组织架构，组织架构也反作用于战略。组织架构的变动必然会导致业务流程、支撑系统、运营制度和机制的变化。所以，企业的组织是组织架构、业务流程、支撑系统、运营机制、制度体系的集合体。

执行板块的关键任务与依赖关系对组织提出了明确要求,任何关键任务都要有特定的部门负责执行,许多关键任务还需要企业内部不同部门之间的协作和配合,甚至是企业内部部门与外部合作伙伴之间的协作。企业现有的组织架构、部门设置、职责说明、业务流程、支撑系统、运营机制、制度体系是否能有效支撑起这些关键任务,要做哪些变化,这些都是组织模块所要考虑的。

需要特别强调的是,企业在进行组织设计时,需要有"二元组织"的思维。所谓"二元组织",就是在一个企业里面可以存在两个分别服务于新业务和老业务的并存的组织。

参照创新焦点,一个企业内部既要有能承担当前主要业务的组织,又要有开拓新业务的组织。承担当前业务的组织要充分发挥企业的核心竞争力,提升经营效率,降低企业的经营风险,最大限度地获取利润;而承担未来新业务的组织,要勇于创新,敢于承担风险,对未来机会进行精准的识别和把握,能够快速适应变化并持续领先,为企业创造未来新的利润增长点。

这两个组织的战略目标、经营模式、资源配置要求、绩效考核,直至组织文化都会存在很大的不同。因此,这两个组织需要采取不同的组织架构、部门设置、业务流程、支撑系统、运营机制、制度体系,甚至可以采取不同的组织文化。

纵观华为30年的发展历程,在进行阶段性战略调整的同时,为了支撑公司战略的实施与达成,也同步进行了一系列的组织结构变革和流程再造。

从成立之初到现在，华为的组织变革总体上经历了三个阶段。

第一阶段是从1987年公司成立到1995年。

在这一时期，华为的产品开发主要采取的是跟随策略，先是代理香港公司的产品，随后逐渐演变为自主开发产品，采取单一产品的持续开发与生产。

在市场竞争上，采取农村包围城市的销售策略，通过低成本的方式迅速抢占市场，提高市场占有率，扩大公司的规模。

在成立初期，华为的组织架构比较简单，采取的是中小企业普遍采用的直线型、扁平化的组织结构，管理层级较少，所有员工都是直接向企业的创始人任正非汇报。

直到1992年，销售规模突破亿元大关，员工人数达到了200人以后，才开始从直线型组织结构转变为直线参谋职能制的组织结构。这种组织结构并不是很复杂，但权力却很集中，可以快速统一调配资源参与市场竞争，并快速应对外部环境的变化，这也使得华为在当初激烈的市场竞争中存活下来，并获得了极大的发展。

第二阶段是1995年到2003年。

1995年，华为公司的销售规模已经达到15亿元人民币，员工数量也达到800人。

到了2000年，销售额快速突破200亿元，从1995年到2003年，华为始终保持着100%的高速增长。

在这段时期，华为的产品开发策略逐渐从单一产品集中化转向横向一体化，从单一研发生产销售程控交换机产品逐渐进入到移动通信、传输等多产品领域，企业整体战略也开始朝着相关多元化方面发展，从而成为一个能提供全面通信解决方案的公司。

在这一时期，华为原有的集权式的直线参谋职能型组织结构的优势已经成为其发展的障碍，缺点也日益突出。华为对组织结构进行了及时的调整优化，采取划小经营单位的方式，建立了事业部制与地区部相结合的二维矩阵式的组织架构。这种二维矩阵式组织结构，极大地促进了华为的战略转型。

由于事业部制对产品的生产和销售实行统一管理、自主经营独立核算，极大地调动了员工的积极性、主动性，并且使得公司内部的高层管理者摆脱了日常事务，集中精力去考虑宏观战略问题，同时还锻炼和培养了事业部的综合管理人才。

而华为地区部的建立为华为开启了新的销售渠道，极大地节约了华为的综合成本，也使得华为的组织结构有力地支撑了华为的国际化运营战略。

第三阶段是2004年至今。

到了2004年，华为基本上每年仍然以超过40%的速度在增长。

2012年，其销售额已经超过两千亿元，达到了2202亿元，员工人数也从2004年的3万人增加到了2012年的13.8万人。2012年，华为已经超越所有竞争对手，包括其最大的竞争对手爱立信，正式成为该行业的领导者，公司也完全成为一家跨国化的大企业，其海外销售占比已经超过70%。

在这一阶段，华为在产品开发上采取了纵向一体化、多元化和国际化并举的策略；在市场竞争上，采取与"合作伙伴"共赢的策略，公司也由全面通信解决方案电信设备提供商向提供端到端通信解决方案和客户和市场驱动型的电信设备服务商转型。

华为这个时期的组织结构，相比成长期的组织结构，进行了渐进式的演变，从原来的事业部与地区部相结合的二维矩阵式的组织结构，转变成以客户为中心、以产品线为主导的组织结构。

这时华为已经是一家相关多元化企业，围绕电信运营商、政府和企业客户、个人消费者客户，华为形成运营商业务、企业业务、消费者业务三大业务集团，这在本质上还是一种巨型的矩阵型组织结构，每个业务集团具有自己的战略部门、人力部门、财务部门、产品研发部门、市场营销部门，拥有极大的自主经营权，极大地激发了企业的活力。

如前所述，企业的业务设计、关键任务与依赖关系一定是基于未来几年的战略意图，关键任务与依赖关系推导出的对组织未来发展的需求一定与现有的组织有较大的差距。

所以，在进行组织设计时，一定要先进行差距分析，然后制定组织及其保障体系。

为了更好地帮助企业管理者制定基于未来发展战略的组织保障体系，BLM战略模型给出了一系列思考问题，如：

- 企业现有的组织架构运营是否高效，存在哪些问题？
- 企业现有的组织架构能否有效支撑未来企业的关键任务的开展？存在什么样的问题？

- 企业需要重新设计组织结构以支撑关键任务的实现吗?
- 行业先进企业的组织结构有哪些可以值得学习借鉴的?
- 竞争对手采取了什么样的组织架构?企业是否可以学习借鉴?
- 企业现有的流程和机制运营是否高效,存在哪些问题?
- 企业现有的流程和机制能否及时响应和服务客户?能否及时响应和服务新的客户?
- 企业与产业链上下游合作伙伴的承接和支撑关系是否顺畅?
- 企业现有的流程和机制能否支撑企业在价值链上的新的定位?
- 为了有效支撑企业的关键任务,企业的组织结构要做什么样的优化调整?
- 企业需要对现有的流程和机制做出哪些调整?

……

第三节 人才

企业是以人为核心的组织,企业的经营管理最终是对人的管理。

作为一家主要依靠企业家和知识劳动者创造价值的公司,华为的全部价值主要是由华为的企业家和广大知识员工创造的。

华为在一次企业内部的战略务虚会上提出了一个重要的观点——一家公司取得成功有两个关键:战略方向要大致正确,组织要充满活力。

其中,保持组织的活力是企业在未来的数字化智能社会中保持竞争力和可持续成长的关键,甚至战略选择暂时出现偏差,只要组织充满活力，企业仍可及时纠正错误、拨正航向、重整旗鼓。

任正非曾说："华为没有可以依赖的自然资源，唯有在人的头脑中挖掘出大油田、大森林、大煤矿。""资源是会枯竭的，唯有文化才会生生不息。"

华为认为，人力资源规划是战略规划最为重要的内容，企业的人力资源规划要支撑企业未来的使命、愿景与竞争优势。

人力资源规划的核心就是使优秀员工在最适合的岗位上，做出最佳的贡献，得到合理的回报。

华为的核心价值观强调：以奋斗者为本。

所谓"以奋斗者为本"，就是不让奋斗者特别是奉献者吃亏。这充分体现在华为人力资源管理的方方面面，在人才的选拔和任用上，华为遵循"猛将必发于卒伍，宰相必取于州郡"的原则，干部选拔实行"三优先原则"：一是优先从成功团队中选拔干部，二是优先从主攻战场、一线和艰苦地区选拔干部，三是优先从影响公司长远发展的关键事件中考察和选拔干部。

同时，作为一家国际化的企业，华为放眼全世界选拔人才，利用全世界的人力资源和能力来领导全世界，将企业的战略能力中心建到战略资源聚集地区，方便就地选拔和任用人才。

在绩效考核和利益分配上，华为努力建立和不断完善公正和公平的价值评价与分配制度，努力创造一个公正和公平的人才成长环境。

在员工价值和绩效评价方面，坚持责任和结果导向，在价值分配中坚持按贡献拉开分配差距，向奋斗者、突出贡献者倾斜，特别是那些为公司的战略目标和长远利益主动承担责任和做出贡献的员工和干部。

综上所述，华为人力资源规划的基本方针就是使优秀员工在最佳的年龄，在最适合的岗位上，做出最大的贡献，得到合理的回报。借鉴华为的人力资源规划方针，为了达到人力资源的最优化配置，企业在制定自己的人力资源战略时，首先要围绕未来组织对人力资源的需求，进行差距分析，开展标杆研究，在人才的选择、使用、培育、挽留与激励等方面，可以结合BLM模型给出的问题进行认真的思考，最终形成一个充分满足组织发展目标的人力资源体系，使组织的功能得到充分的发挥，流程运转顺畅，各项制度和机制完美地运行：

- 通过对企业现有人才质量、数量、结构方面的优劣势分析，现有的人力资源现状是否可以满足面向未来的组织的要求？
- 已经具备哪些关键人才和能力，还需要补充哪些关键人才和能力？
- 现有员工队伍支撑新业务的能力有哪些优势和差距？新业务对人力资源有什么新的要求？
- 如何创新性地弥补在人力资源方面的短板？
- 现有激励机制能否有效调动高层、中层和基层员工的积极性？
- 需要什么样的激励机制来支撑新业务、新组织的发展？
- 现有人员能力能否支撑新业务的开展？如何提升现有人员的工作热情和工作能力？
- 新的业务对关键岗位的领导干部的领导能力有什么要求？如何提升领导干部的领导能力？
- 关键人才流失的根本原因是什么？如何防止关键人才流失？

- 竞争对手在人力资源管理方面有什么可以学习借鉴的？

……

第四节　企业文化与组织氛围

企业文化是企业在经营活动中形成的经营理念、经营目的、经营方针、价值观念、经营行为、社会责任、经营形象等的总和，它是企业生存、竞争和发展的灵魂，是企业个性化的根本体现。

组织氛围是指笼罩在企业整体环境中，体现企业所推崇的特定传统、习惯及行为方式的精神格调。

企业文化是企业的内在灵魂，而组织氛围是企业文化的外在表现，企业文化和组织氛围应该是表里如一、相互一致的。

企业文化往往是无形的，虽然企业文化往往有生动的内容描述，但必须靠组织氛围表现出来，而组织氛围的形成是环境氛围、精神氛围、制度氛围三种因素共同作用的结果。

环境氛围是指企业通过直观的、看得见、摸得着的、外显的环境所反映出来的风格和情调，它通过企业的厂区、车间和办公室的环境布置、装饰效果、宣传栏、标语口号以及员工的服饰、生活设施、文化设施等表现出来。

精神氛围是企业文化的重要内容，是指企业从企业家到普通员工所表现出来的整体精神风貌、理想追求、价值取向，包括员工对待日常工作的基本态度、员工之间进行交流的方式、企业对员工的满意度、员工对企业的忠诚度等。精神氛围是企业文化氛围的重要组成因素。

制度氛围是企业文化强制性的集中体现，它是指企业各项政策、规章制度及贯彻执行方式，它虽然体现了一定的强制性，但在企业文化的管理过程中，其强制程度随着员工价值理念的逐步强化而减弱。

环境氛围、精神氛围、制度氛围是组织氛围的三要素，在这三要素之中精神氛围占主导地位，其他二者通过影响人的精神间接地强化员工的价值理念，它们辅助精神氛围，三要素的有机结合和相互统一构成了企业的组织氛围。

企业文化和组织氛围对于企业员工的精神境界、气质风格的形成都具有十分重要的作用。有研究表明，组织的绩效60%取决于组织氛围。在一个高效型团队中，员工的潜力得到充分的发挥；在激发型的团队，员工的潜力发挥了80%；而在中立型团队中，员工大概只发挥了60%的潜力。由此可见，建设优秀的组织氛围，可以极大地发挥员工的潜力，提高组织绩效和产出。

那么，华为如何进行企业文化建设的呢？

主要有三个方面：

一是建体系。一个企业的文化体系，通常由愿景、使命、核心价值观组成。华为发展至今，秉承不变的愿景是"丰富人们的沟通和生活"，承担的使命是"聚焦客户关注的挑战和压力，提供有竞争力的通信与信息解决方案和服务，持续为客户创造最大价值"。而其核心价值观，集中体现在："以客户为中心，艰苦奋斗，自我批判，以奋斗者为本。"

华为的企业文化体系中，任正非最推崇、强调得最多的就是"以客户为中心"。在他看来,为客户服务是华为存在的唯一理由,客户需求是华为发展的原动力。基于此,任正非把"以客户为中心"的战略明确表达为:"在华为,坚决提拔那些眼睛盯着客户,屁股对着老板的员工;坚决淘汰那些眼睛盯着老板,屁股对着客户的干部。前者是公司价值的创造者,后者则只会谋取个人私利。"而"艰苦奋斗"也好,"自我批判"也好,"以奋斗者为本"也好,都是围绕"以客户为中心"来体现的。

二是立规矩。 任正非认为,企业文化的本质是制度性建设。因此,企业文化制度化,是企业文化建设的一个重要环节,也是企业文化得以持续发挥作用的根本保证。

体现华为制度建设最重要的事件应该算是他们率先推行的《华为基本法》,此法于1995年开始筹备,1998年颁布实施,分为宗旨、基本经营政策、基本组织政策、基本人力资源政策、基本控制政策等方方面面。

总计六章、103条企业内部规章,把企业的愿景、使命、价值观等,以制度的形成固定下来,被称为迄今为止中国现代企业中最完备、最规范的一部"企业宪章"。

随着企业的发展,很多事情都在变化,《华为基本法》也不可避免地成为过时之物,从而逐渐被华为自己抛弃,但它在华为历史上确实发挥了里程碑式的作用。

首先,它总结、提升了华为在一次创业中成功的管理经验,确定了华为二次创业的观念、战略、方针和基本政策,构筑了公司未来发展的宏伟架构。

其次,通过《华为基本法》的制定,华为的核心价值观不再只是口口相传，而是以文字的形式固定下来，有力推动了华为新老员工对于核心价值观认知的统一，在核心价值上达成共识。

最后，是对于未来发展的经营与管理给出了指导，确立了在经营、组织、人力资源、控制、接班人五个方面的基本政策，为未来华为制度建设等各种管理操作提供了一个基本的依据。

在《华为基本法》的基础上与时俱进、推陈出新的各项制度，在不同的历史阶段发挥了独特的作用，推动了华为的可持续发展，"立规矩"成为华为企业文化建设获得成功的一项重要法宝。

三是抓落地。什么样的文化是最优秀的文化？一般认为，能够传承的文化才是好的文化。如任正非说："旧人传给新人，这一代还能往下一代传。"

在华为，文化落地的关键一招是员工培训。新员工入职后，华为要对他们进行一定期限的集中培训，全部到深圳总部进行。

培训的内容侧重于华为有关政策制度和企业文化两个方面，也就是说，作为一个新人，应该对华为了解些什么，应该清楚公司的政策制度为什么这样规定，应该清楚自己作为华为一员的基本行为规范等。

新员工的文化课程有四门，每门内容都很多，包括各种文章和案例，有专门教师讲授。

每个新员工到华为都要配置一个导师，导师就是老员工，给新员工讲文化、讲传统、讲流程，解决思想问题和业务问题，华为对导师有严格的奖惩措施，新员工出了问题要追究导师的责任。

随后将新员工分派到不同的部门，进行独具特色的实践培训，如营销部门的文化是培训"狼性十足"的员工,生产部门的文化是"质量是我们的自尊心",研发部门的文化是"板凳要坐十年冷"。

在对老员工的培训中,重点强调了"让英雄成为将军"的理念。而在其中,华为大学发挥了重要的作用,被称为华为"培养将军的摇篮"。他们在实践中总结出来的"变被动学习为主动学习""重视案例教学"等,也成为企业大学教育的"宝典"。

华为也有意识地将文化灌注到海外公司。华为员工在出国之前都会在培训部门接受相关培训,比如文化之间的差异以及相关产品等课程。这些培训加强了具有不同文化背景的员工的适应能力,促进了不同文化背景的人之间的沟通和理解,大大减少了跨文化的冲突。在设立海外代表处的时候,还特意挑选华为性格明显的员工担任负责人,让这些负责人起到"播种机和宣传队"的作用。比如华为的压强原则,讲究集中优势兵力在自己擅长的领域做擅长的事情,要么不做,要做就做最好的;在战略上以一当十,一旦认准就大力推进等。

华为文化的强大执行力,从其曾在短短一年就在国外建立起32个代表处的速度可见一斑。来自IBM的绩效考核制度,成为华为文化传播落地的有力武器,华为在全国企业里真正是把考核系统、评价系统落实到位的。从老板开始,到各个层次的员工,对劳动的态度、业绩全部都要进行考核和评价。

考核实际上是通过一种制度力量来扩散文化,逼着你来认同文化。业界很多人认为,与其说华为文化是建立起来的,还不如说是考核出来的。

如果说人才是鱼,那么企业文化和组织氛围就是水;如果人才是棵大树，那么企业文化和组织氛围就是大树赖以成长的土壤；正如一方水土养育一方人，有什么样的企业文化和组织氛围就造就了什么样的人才；而反过来，企业想要自己的人力资源朝着期待的方面发展，则首先必须构建与之相适应的企业文化和组织氛围。

如何去营造企业想要的企业文化和组织氛围，BLM模型从以下几方面提出了一些问题，帮助企业管理者去思考和解答：

- 企业现有的企业文化和组织氛围存在哪些优点和不足？
- 企业现有的企业文化和组织氛围是否与面向未来的企业发展战略和人力资源新的要求相适应？
- 企业新的战略愿景、核心价值观、组织和人力资源体系对企业文化和组织氛围建设提出哪些新的要求？
- 企业现有的企业文化和组织氛围是否支撑新业务、新市场的发展？新业务、新市场对企业文化和组织氛围有什么特别的要求？
- 企业是否要建立新的企业文化和组织氛围？企业的企业文化和组织氛围要做哪些提升和改变？
- 新的企业文化和组织氛围是否与企业新的人才的选拔、任用、培养和考核激励等机制相一致？
- 企业在企业文化和组织氛围建设方面可以采取哪些有效的手段和方法？
- 员工是否认同新的企业文化，员工是否从组织氛围中感受到新的企业文化？
- 新的企业文化和组织氛围能否有效提升员工的工作绩效？

● 新的企业文化和组织氛围是否可以更好地促进和维护企业与合作伙伴的关系？

● 行业优秀企业和主要竞争对手在企业文化与组织氛围方面有哪些好的作为可以学习借鉴？

……

以上我们对执行设计部分的四个模块进行了介绍。

总结一下，执行板块承接战略板块的业务设计，开始于关键任务与依赖关系模块，结束于企业文化和组织氛围模块。

这四个模块中，关键任务与依赖关系模块是核心，企业的战略规划最终是否可以落地执行，这个模块是关键。

如何保证在战略方向目标正确的前提下，企业的战略是可以执行的，这就要求在将业务设计分解形成关键任务与依赖关系时，至少要满足三个条件：第一，关键任务要明确责任人；第二，关键任务的目标一定是可以量化的，这样关键任务事后才能评价；第三，关键任务是可以依据常规进行预算，关键任务的执行有既往经验可以借鉴。

其他组织、人才、企业文化和组织氛围三个模块是关键任务得以落地执行的资源保障体系，这三个模块以关键任务为核心，在内容设计上要与关键任务保持一致性。

所以，当我们完成了执行板块的四个模块的思考和内容设计时，需要再回过头去，评估验证一下四个模块的内容是否能对业务设计形成有效的支撑和衔接，在业务逻辑上是否保持了一致性。

首先，针对关键任务与依赖关系模块，我们要评估：

- 完成了这些关键任务就可以有效实现业务设计的目标吗？
- 对于这些关键任务与依赖关系，企业是否有既往经验和能力完成？

其次，针对组织模块，我们要评估：

- 新设计和制定的组织结构、流程、制度和机制是否可以有效支持关键任务的实施？
- 新设计和制定的组织结构、流程、制度和机制在执行过程中可能会遇到哪些问题和阻力？如何克服和解决？

再次，针对人才模块，我们要评估：

- 新的人力资源方案是否可以有效支撑新的组织结构、流程、制度和机制的运行？
- 企业的资金预算是否可以满足企业未来的人力资源需求？
- 市场上是否可以找到满足企业需要的人才？如何对现有人才进行能力培养以满足企业的战略发展需求？

最后，针对企业文化和组织氛围模块，我们要评估：

- 企业新的企业文化和组织氛围是否与企业的战略愿景、价值观保持一致？
- 企业新的企业文化和组织氛围是否能有效激发员工的工作热情，提升员工的工作绩效？是否有助于企业与合作伙伴构建良好的合作关系？

第四部分

华为的战略管控机制

PART 4

战略管理是企业的一项重要管理职能，要想很好地发挥作用，必须具备两个基本条件：第一，要有承担这项职能的组织机构，也就是相关的部门；第二，要有一套支撑战略管理的流程和机制。

虽然我们在前面说过，战略管理是企业高层管理者的本职工作，是企业高层管理者领导力的一种体现，战略管理是不能授权的，但高层管理者更多承担着企业愿景、战略目标的设定，企业战略资源的配置，企业战略规划的制定和决策等职责。

战略管理的日常工作还需要专门的部门承担，一般企业都会设置战略发展部来承担相应的战略运营管理职责。同时，战略的制定、落地执行需要专门的流程、制度和机制去保障。

作为一家大型的国际化高科技企业，华为的战略管理机构非常复杂，而且也是随着企业的发展在不断变化的；华为的战略运营依靠一套科学的流程体系驱动战略规划落地执行，形成一个从计划、执行、检查到优化的一个管理闭环，这套流程体系叫作"开发战略到执行流程"，英文简称DSTE流程。在本书第一部分相关章节中进行了简单的介绍。

在本部分我们将详细介绍华为的战略管理机构和战略管理流程体系。

第九章　战略管理组织架构和职责

华为的战略管理架构设置比较复杂，这一方面是由于华为是一个国际化的大型高科技企业，业务非常复杂。

组织是服务于战略和业务发展的，所以华为整体的组织架构就非常复杂，而战略管理的一个重要职责就是协调企业的各个部门开展战略管理活动，相应的企业的战略管理组织架构也非常复杂，所以要想说清楚华为战略部门的组织架构设置和职责，首先要说清楚华为整体的组织架构设置和重点部门的职责。

虽然华为公司整体的组织架构设置和战略管理组织架构设置比较复杂，但我们可以从中体会到华为公司整体组织架构和战略组织架构设置的原则和方法，相信对其他企业依然具有学习和借鉴价值。

第一节　华为整体的组织架构和职责

介绍华为的战略管理组织架构之前，先简单介绍一下华为公司的整体组织架构和职责说明。

一、华为公司整体的组织架构

华为公司整体组织架构随着企业的发展一直在调整优化，我们以2018年前后的企业组织架构为例。这个时候华为的整体组织架构其实是一个矩阵型的事业部制组织架构，如图9-1所示，最上面是股东会、董事会、监事会，还有外聘的独立审计单位；董事会下设人力资源委员会、财经委员会、战略与发展委员会和审计委员会四个专业委员会，这是企业的决策层。

企业的经营管理层包括CEO经营管理团队，下面是人力资源、财经、战略、法务、审计等职能部门；与职能部门平级的是业务部门，这就是华为的运营商网络、企业网络、消费者、Cloud（云服务）四大事业部，在华为内部，将这四个事业部称为BG（业务集团，即Business Group），各个BG采取自主经营、独立核算的运营模式，所以华为的BG相当于一般企业的子公司，只不过比一般企业的子公司的规模更为巨大；业务部门除了四个BG以外，还有一些与四个BG平级的单位，在华为内部叫作类BG单位，如产品与解决方案部、服务BG、华为大学、2012实验室、供应链体系等等；除了业务部门外，与之平级的还有区域营销组织，2007年以后，华为将全球市场划分为七大片区，成立了七大片区组织。

第四部分　华为的战略管控机制

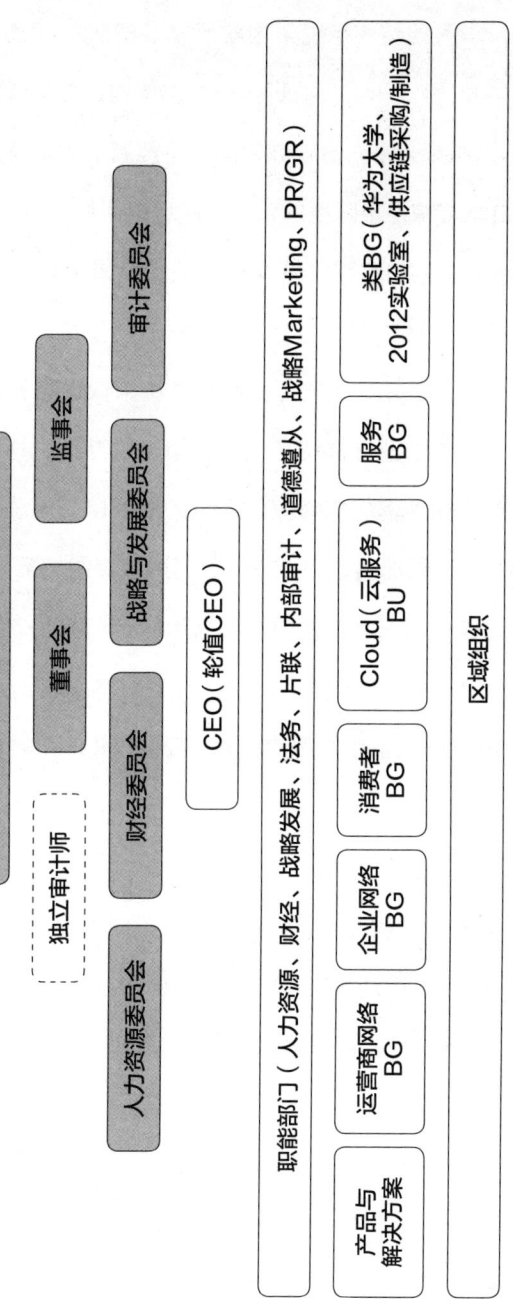

图9-1　华为公司的整体组织架构

综上所述，华为的整体组织架构就形成了横向的区域营销组织和纵向的业务BG、类BG组织相结合的矩阵型组织架构，并且区域营销组织和业务BG、类BG组织都是采取事业部制的自主经营、独立核算的模式，所以华为的整体组织架构是矩阵型的事业部制组织架构。

华为的业务BG、类BG和区域营销组织既然采取事业部制的自主经营、独立核算模式，就相当于一个独立运营的经营实体。所以，在业务BG、类BG和区域营销组织里又会设置人力资源、战略发展、财务等职能部门以及更小一级的业务部门和地区营销组织部门，这样就构成了与公司整体组织架构相关部门相对应的二级组织部门，而公司层面的相关组织部门就是一级组织部门，一级组织部门对二级组织部门承担着指导、审核、服务的职能，二级组织部门对一级组织部门承担着支撑、落实执行和提请审议的职责。

总体来看，华为公司的组织架构设置与大多数集团型的企业比较相似。

二、华为公司整体组织架构的职责

股东会是华为公司最高权力机构，由工会和任正非两名股东组成。工会作为公司股东参与公司的重大决策事项，由持股员工代表会审议并决策。持股员工代表会由全体持股员工代表组成，代表全体持股员工行使有关权利。

董事会是公司战略和经营管理的决策机构，对公司的整体业务运作进行指导和监督，对公司在战略和运作过程中的重大事项进行决策。董事会的主要职责是：对公司重大战略进行决策，审批公司中长期战略发展规划，并监控其实施；对公司业务发展中产生的重大问题，包括重大市场变化、重大危机，向管理层提供综合的建议及咨询意见；审视公司业务运作规律、组织与流程，并批准重大组织调整、业务变革、流程变革的举措；审批重大的财经政策、财务决策与商业交易活动；审批公司的经营及财务结果并批准财务报告；建立公司的监控机制并进行监督；建立公司高层治理结构，组织优化实施；首席执行官的选拔、考评和薪酬确定，批准公司高层管理人员的任命和薪酬；审批公司层面的人力资源规划和重大人力资源政策。

监事会主要职责包括检查公司财务和公司经营状况，对董事、高级管理人员执行职务的行为和董事会运作规范性进行监督，监事列席董事会会议。

自2000年起，华为聘用毕马威作为独立审计师，独立审计师负责审计年度财务报表，根据会计准则和审计程序评估财务报表是否真实和公允，对财务报表发表审计意见。

董事会下设的人力资源委员会、财经委员会、战略与发展委员会、审计委员会是同一级别的委员会，对公司的人、财、物和审计工作进行管理决策。

华为的CEO经营管理团队实行董事会领导下的轮值CEO制度，轮值CEO由三名副董事长轮流担任，轮值期为6个月依次循环。轮值CEO在轮值期间作为公司经营管理以及危机管理的最高责任人，对公司的生存发展负责。轮值CEO负责召集和主持董事会常务委员会会议，在日常管理决策过程中，对履行职责的情况及时向董事会成员、监事会成员通报。

华为的各职能部门是聚焦业务的支撑、服务和监管的平台，向前方提供及时准确有效的服务，在充分授权的同时，加强监管。从这个描述可以看出，华为各职能部门的定位由以往的管控向服务和赋能转型，是业务的支撑单位、赋能单位，为市场一线提供炮火支撑。

华为的各个BG和类BG、区域组织是业务单元，类似于集团公司的子公司，华为公司设立基于客户、产品和区域三个维度的BG和类组织架构，各组织共同为客户创造价值，对公司的财务绩效有效增长、市场竞争力提升和客户满意度负责。

运营商BG和企业BG是华为分别面向电信运营商客户和企事业单位客户的解决方案营销、销售和服务的管理和支撑组织，针对不同客户的业务特点和经营规律提供创新、差异化、领先的解决方案，并不断提升公司的行业竞争力和客户满意度；消费者BG是公司面向终端产品用户的端到端经营组织，对经营结果、风险、市场竞争力和客户满意度负责。

消费者BG是华为核心三大业务之一，产品全面覆盖手机、个人电脑和平板电脑、可穿戴设备、移动宽带终端、家庭终端。

2017年，华为公司成立了云服务（Cloud）BU（业务单元）。Cloud BU是云服务产业端到端管理的经营单元，负责构建云服务竞争力，对云服务的客户满意度和商业成功负责。目前，Cloud BU已经升级为与三大BG平级的部门。

产品与解决方案类BG是华为面向运营商及企事业单位客户提供ICT融合解决方案的组织，负责产品的规划、开发交付和产品竞争力构建，创造更好的用户体验，支持商业成功。

区域组织是华为的区域经营中心，负责各区域的各项资源、能力的建设和有效利用，并负责公司战略在所辖区域的落地。华为持续优化区域组织，加大、加快向一线组织授权，指挥权、现场决策权逐渐前移至代表处这个最基层的经营单位，区域组织在与客户建立更紧密的联系和伙伴关系、帮助客户实现商业成功的同时，进一步支撑公司健康、可持续的有效增长。

第二节　华为的战略管理架构和职责

华为的战略管理组织架构是整体组织架构的重要组成部分，承担着公司战略决策和战略体系运营的职能，下面我们做一个简单的介绍。

一、华为的战略管理架构

依据华为的整体组织架构，其战略管理架构分为四个层级。

第一层是战略决策层，包括董事会，以及董事会下面的战略与发展委员会、财经委员会、人力资源委员会。

第二层是战略管理层，主要是华为的战略职能部门，这个可以理解为是华为公司层面的战略职能部门。

第三层是华为的各业务BG、区域组织下面的战略职能部门，相当于华为的二级战略部门。

第四层是各产品线单元（BU）和地区组织下设的战略部门。

在华为，各业务BG下面还会设置产品线单元（BU），区域组织下面还会设立地区组织，部分产品线单元（BU）和地区组织也会设置战略部门，这些战略部门就形成了华为的三级战略部门。

在华为内部，在战略管理上，除了董事会和下面的战略与发展委员会作为战略决策机构外，战略管理部门基本分为三级，即公司层面的一级战略部门、各个业务BG和区域组织的二级战略部门以及各产品线BU和地区组织的三级战略部门。从上到下设置三级战略管理部门，对于像华为这样规模体量和业务复杂度、区域复杂度都非常大的企业是非常有必要的。

当然，华为对产品线BU和地区组织下面的三级战略部门也会经常调整，有些时候设立，有些时候又会取消。

一般规模的中小企业，战略管理部门的设置一级就可以了，即在企业的总部设置战略管理部门就够了。如果是采取战略管控型的大型集团型企业，除了在集团总部设置战略管理部门外，子公司也有必要设置自己的战略管理部门，这就形成了二级的战略管理组织架构。

对于那些企业规模庞大、有众多的子公司、孙公司，并且子公司和孙公司涉及的业务领域较多，各个业务领域差异较大，这个时候就有必要在子公司的不同业务板块设置战略部门，或者在孙公司设置战略部门，在承接集团战略的同时，可以制定更具针对性的业务发展战略或者区域发展战略，这样就形成了三级战略管理部门。

二、华为战略管理架构的职责

下面详细介绍一下华为整体战略管理体系架构的职能分工。

华为董事会与战略相关的职能：审批并发布公司的中长期战略规划，具体内容包括业务、财经、人力资源等，此外还有各个业务BG和区域组织的中长期战略规划。审批和发布公司的年度预算，对公司战略规划和年度计划执行中的重大、关键、全局性问题进行审议和决策。

董事会下面的战略与发展委员会的职能是：审议公司整体中长期战略规划的指导方向，评审各业务BG、类业务BG的战略规划中的战略目标与业务设计、关键任务及策略等，审议公司整体的中长期战略规划，审议各业务BG、类业务BG的重点工作、KPI指标方案及目标值，确定各业务BG、类业务BG的年度业务经营和市场目标等关键业务目标，确定研发的年度投资方向，评审各业务BG、类业务BG的年度业务计划和述职，定期审视公司战略专题、重点工作的达成情况，定期审视各业务BG、类业务BG的年度业务执行情况。

董事会下面的财经委员会与战略决策相关的职责：提供公司自上而下的财务性约束条件，评审财经战略规划，参与审议公司整体中长期战略规划，确定公司年度财务预算的规划，包括口径、要求、结算及分摊规则等，确定各业务BG、类业务BG的年度财务目标，评审公司年度财务预算，批准各业务BG、类业务BG和职能部门的年度财务预算，定期审视公司的财务目标达成情况和预测分析结果，定期审视公司各业务BG、类业务BG和职能部门的预算执行情况。

董事会下面的人力资源委员会与战略决策相关的职责：提供公司人力资源战略的指导方向，参与审议公司的中长期战略规划，评审各业务BG、类业务BG的中长期战略规划中的组织、人才、企业文化和组织氛围等相关模块内容，确定集团各部门机构的薪酬，包括年度管控要求，评审业务BG、类业务BG和职能部门的年度人力预算，定期审视公司年度人力资源计划的执行情况，定期审视各业务BG、类业务BG和职能部门的人力资源预算执行情况，实施各业务BG、类业务BG和职能部门责任人的绩效考核和结果应用。

公司的战略部门是战略日常管理的主责部门，其主要职责是：组织制定公司的中长期战略规划、年度业务计划与预算，审批各业务BG、类业务BG的中长期战略规划、年度业务计划与预算，定期审视各业务BG、类业务BG的战略专题、重点工作和KPI等的达成情况。

公司各职能部门与战略管理相关的职责：在公司战略部门的组织下，制定本职能部门的中长期战略规划、年度业务计划与预算，定期审视本职能部门的专题、重点工作和KPI等的达成情况。

各业务BG和类业务BG下的战略部门的职责：制定本业务BG的中长期战略规划、年度业务计划与预算，审批本业务BG下面的各业务单元（BU）的中长期战略规划、年度业务计划与预算，定期审视本业务BG的战略专题、重点工作和KPI等的达成情况。

各区域组织下的战略部门的职责：制定本区域市场的中长期战略规划、年度业务计划与预算，定期审视本区域市场的战略专题、重点工作和KPI等的达成情况。

综上所述，华为与战略相关的组织架构包括战略决策机构和战略管理职能部门。战略决策机构主要是董事会和下面的战略与发展委员会，战略决策机构的职责主要有提出战略指导和约束要求，评审、批准发布公司层面的中长期战略规划、年度业务计划与预算，定期审视公司层面的战略专题、重点工作和KPI等的达成情况等。战略管理职能部门主要是公司的一级战略部门、各业务BG和类业务BG以及区域组织下面的二级战略部门以及各产品线BU、地区组织下面的三级战略部门，这些战略职能部门的主要职责是制定本层级范围的中长期战略规划、年度业务计划与预算并向战略决策机构或上一级战略部门汇报，组织督导执行本层级的中长期战略规划、年度业务计划与预算，指导和提出约束要求评审并批准发布下级单位的中长期战略规划、年度业务计划与预算等，此外，还有定期审视本层级以及下一层级的战略专题、重点工作和KPI等的达成情况等。

第十章 战略管理流程

所谓流程就是企业做事的逻辑和职能分工。衡量一个企业管理是否规范，最重要的就是看企业业务流程和管理流程体系是否健全。流程背后需要靠部门职责、岗位职责、授权体系支撑，反映了企业基本的管理水平。一个流程健全的企业，最起码其部门职责、岗位职责、授权体系是清晰的，企业里的每个人都知道自己如何参与企业的生产和经营管理，自己的职责所在，自己与其他员工是如何分工协作的。健全的流程体系是成熟企业的一个重要标志。

许多管理专家和企业管理者认为流程体系建设已经不适应现代企业的发展，流程阻碍了企业的灵活性，降低了对市场反应的速度和决策效率。

其实，流程与灵活性不是天然矛盾的。大企业强调风险管控，相应的流程比较长、环节多、严谨复杂；小企业强调灵活性，相应的流程比较短、比较简单。但是流程简单，并不等于没有。一个企业没有流程，导致的结果就是员工做事随意，工作任务不确定，做事容易扯皮推诿，要么大家抢着做，要么都不做。

流程体系背后体现出一种效率文化：流程管理就是将经常性的工作标准化、将标准化的工作流程化、将流程化的工作高效化。一个企业的管理是基于二八原则，80%的工作是例行的，20%的工作是例外的，流程就是管理这80%的例行工作，而企业的领导主要管理着20%的例外工作和决策。

偌大一个企业能够实现稳健的运营就是靠着这样一个个流程，将企业大量的经营管理工作规范化、标准化、流程化，而企业领导者有更多的精力进行例外管理。

企业大部分的经营管理工作需要靠制度和流程管理，而不是靠企业的管理者管理，否则企业的管理者将会累死。作为企业的管理者就是不断地将80%的例行工作标准化、流程化和高效化，然后重点管理20%的例外工作。

华为的流程体系也不是一天建立起来的，但是成长为一家大型企业，华为的流程体系是相当健全规范的。

总体而言，华为的流程主要分为三大类：

第一类是企业生产运营类流程，包括研发、生产、营销等流程，其中就包括大家都熟知的IPD（集成产品开发）流程。

第二类是企业的使能类流程，包括战略管理、客户管理、服务交付、投资管理等流程，DSTE（开发战略到执行）流程就是其中最为重要的一个流程。

第三类是运营支撑类流程，包括人力、财务、IT支撑等流程。整个公司级别的流程，也就是一级流程就有10多个，每个一级流程下面还是众多的子流程。

华为的战略管理流程叫作DSTE，DSTE将企业的战略管理工作标准化、流程化，最终实现高效化，从而使企业的战略管理活动效率化和效益化。

DSTE流程是公司的一级流程，是公司为制定中长期战略规划、年度业务计划与预算、执行并监控评估的统一流程框架和管理体系，保证公司及各业务单元中长期战略目标、年度计划、资源预算和滚动计划的一致性，确保各业务单元协调一致，牵引公司建立稳定和可持续发展的业务，管理公司及其产业的投资组合，支撑公司战略与业务目标的实现。

DSTE里面包括三个子流程，分别是战略规划子流程、年度业务计划与预算子流程、管理执行与监控子流程，这三个子流程首尾相连，从而使企业的战略管理工作标准化、流程化和高效化。

第一节　战略规划子流程

战略规划子流程就是以BLM战略框架为核心，规范了企业中长战略规划制定的过程，并形成最终的企业中长期战略规划报告。

这里需要指出，华为制定的企业中长期战略规划是未来五年的战略滚动规划，所谓未来五年的战略滚动规划是指企业从某一年开始，制定未来五年的战略滚动规划，然后第二年制定后五年的战略滚动规划，后续每年都要制定未来五年的战略滚动规划，每年往后滚一年。

例如，2000年制定2001年到2005年的战略滚动规划，2001年制定2002年到2006年的战略滚动规划，依此类推，不断滚动下去。这种采取滚动式制定企业中长期战略规划的好处：

第一，可以基于内外部环境的变化对企业的战略规划及时做出优化调整。企业内外部环境时刻在发生变化，采取滚动式的战略规划方式，每年制定一次战略规划，可以及时应对内外部环境的变化，对战略规划进行调整优化，确保制定出来的战略规划的合理性和适用性。

第二，采取年度滚动的方式制定企业的中长期战略规划可以每年一次对上一年度战略执行情况进行回顾和总结，分析原因、总结经验，对战略管理可以实现闭环管理，有助于提升企业的战略管理水平。

第三，企业中长期战略规划的制定和调整是一件严肃的事情，需要企业的董事会审议通过，企业的战略规划不能长期不调整也不能经常调整，调整要有事实依据，调整要经过企业董事会特定形式的决策流程的审批，通过采取年度战略滚动规划的形式，使企业中长期战略规划的调整优化和管理决策有理可据、有法可依，确保了企业战略规划制定的科学性和严谨性。

战略规划子流程的主要工作内容，按时间顺序大致包括：确定战略方向指导与财务约束、HR指导，组建战略规划工作组，召开开工会（组织培训、制定具体时间表），进行上一年度战略执行回顾与差距分析，进行高管访谈，组织战略务虚会，进行市场洞察的研究（市场及客户分析、五年目标预测），进行战略意图、创新焦点、业务设计等模块的研究，组织开展战略意图与业务设计的研讨，进行战略执行相关模块的研究（关键任务、组织、人才、氛围），组织开展战略执行部分的研讨，输出年度战略滚动规划，评审年度战略滚动规划，批准战略规划。

可以看到，战略规划子流程的工作内容基本分为三种类型：

第一类工作内容是战略规划工作的发起和组织工作，包括确定战略方向指导与财务约束、HR指导，组建战略规划工作组，召开开工会（组织培训、制定具体时间表），这些工作主要由上一级战略部门组织。

例如，在公司层面，主要由公司的董事会启动公司层面的战略规划工作，战略与发展委员会提出公司战略发展方向和重点的业务领域，财经委员会提出公司财务规划预算约束条件、净利润、资产负债率、现金收入比等财务指标，人力资源委员会提出组织人才发展方向与主要原则。

公司的战略部门组织各业务部门和职能部门代表成立战略规划工作组，启动开工会，输出董事会和各委员会对战略规划的约束条件和指导意见，对工作组进行培训。

第二类工作内容就是BLM战略框架里面谈到的八个模块的内容，这些内容是战略规划子流程的核心工作内容，主要由公司的战略部门牵头战略规划工作小组进行，具体的内容和方法已经在前面章节进行了详细描述，这里就不再描述了。

其中有三个关键的会议需要详细说明一下：

第一个是战略务虚会，发生在战略执行回顾和差距分析、高层访谈之后以及市场洞察之前。

会议目的是加强在战略规划过程中企业决策管理层与业务层的沟通和互动，这个会议主要由公司的战略部门组织召开，参与人员是公司的主要领导，三个委员的负责人、各业务单位负责人、职能单位负责人。时间安排1~2天。

会议的主要内容是针对各业务BG的中长期发展问题进行讨论，充分听取战略规划工作小组对上一年度战略执行回顾和差距分析的工作成果，听取各业务BG负责人的意见，由公司主要领导对上一年度的战略执行情况、企业发展问题和解决思路给出指导意见，输出本次战略滚动规划的指导意见，指导后续战略规划工作的开展。

第二个是战略意图与业务设计研讨会，发生在战略设计的四个模块全部完成以后，由公司的战略部门组织召开，参与人员是公司的主要领导，三个委员的负责人、各业务BG负责人、各职能单位负责人。

会议的主要内容是研讨企业的中长期战略发展目标、企业的业务设计是否能有效支撑企业的战略目标的实现，会议经过讨论提出对战略设计四个模块的修改完善意见。

第三个是战略执行研讨会，发生在BLM战略模型执行设计的四个模块设计完成以后，由公司的战略部门组织召开，参与人员是公司的主要领导，三个委员的负责人、各业务单位负责人、职能单位负责人。

会议的主要内容是研讨战略设计与执行设计如何协同，执行设计四个模块内容的可行性等，会议经过讨论提出对执行设计四个模块的修改完善意见。

第三类工作内容就是评审和发布工作。公司层面的战略规划的评审由公司的战略与发展委员会、人力资源委员会和财经委员会组成的联合小组进行评审，最终由董事会批准公司的年度战略滚动规划报告。

以上是公司层面的年度战略滚动规划报告制定的流程，业务BG层级的战略规划和产品线BU层级的战略规划，区域组织的战略规划和地区组织的战略规划的流程和公司层面的流程基本一致。

可以看到，无论是公司层级的战略规划，还是业务BG层级（区域组织）、产品线BU层级（地区组织）的战略规划，都是以BLM战略框架模型为核心，明确公司决策管理层、业务部门和职能部门在战略规划过程中的分工协作关系，并成立了专门的跨部门战略规划小组承担专门的战略规划工作。

在战略规划的不同阶段，通过举办相关的战略务虚会和研讨会，公司的决策管理层和业务经营层充分交换意见，一方面确保公司的业务经营层能充分理解决策管理层的战略意图、战略发展方向，另一方面也可以保证公司决策管理层及时了解市场发展趋势、公司的资源配置现状，及时调整公司的战略意图，最终使公司的战略规划既保持一定的战略高度又具有落地可执行性。

第二节 年度业务计划与预算子流程

如何基于企业未来五年的中长期战略来制定第一年的年度计划和经营预算，确保战略落地执行，这就引出了DSTE（开发战略到执行）流程中最为重要的一个子流程——年度业务计划与预算子流程。

年度业务计划与预算子流程的主要工作内容，按时间顺序大致包括：启动筹备，组建计划预算工作组，启动批准/开工会，进行机会点到订货分析，进行公司整体预算推演，输出KPI指标方案，评审订货目标，提出关键财务指标要求及预算约束条件，制定KPI指标方案，编制业务计划与预算，输出KPI目标值，评审全预算、KPI目标值，刷新与发布预算，评审年度业务计划与预算，批准年度业务计划与预算，组织述职。

可以看出，年度业务计划与预算子流程非常复杂，涉及的部门非常多，这其中会用到许多方法和工具，同时也具有鲜明的华为特色和行业特色。

年度业务计划与预算子流程的具体工作内容也可以分为三类：

第一类工作是年度业务计划与预算的启动工作，由公司组织成立年度业务计划与预算工作小组，一般由公司的财务负责人担任组长，主要成员包括战略发展部、业务部门和职能部门的代表。由公司战略与发展委员会、人力资源委员会、财经委员会提出制定年度工作计划和预算的指导意见、规则和约束条件，其中最为关键的是财经委员会提出的初始财务目标，然后由公司董事会批准和启动年度业务计划与预算工作。

第二类工作是年度业务计划与预算编制过程，主要由工作小组负责推进。在这个过程中，重点的工作是制定机会点到订货规划、业务计划、全面预算、人力资源预算等，这部分工作非常重要，决定了公司的战略规划能否落地执行，下面我们会详细说明。

机会点到订货是落实战略意图、分析市场机会和空间、制定年度订货规划及市场目标的过程，可以说是整个年度业务计划制定的核心工作。

收入等财务目标预测得准不准，决定了预算工作制定得准不准。

在华为，机会点到订货是一件大事，华为设计了专门的更细化的流程和具体的计算方法。原则上，机会点到订货主要由业务BG和区域组织等单位执行。从业务BG到各个产品线BU，从区域组织到各个地区组织，华为都成立了"机会点到订货"工作组。

公司的战略与发展委员会提出产品分类及目录、订货的统计口径，各个业务BG负责对公司的战略规划进行解码，解读市场发展趋势和可能的市场空间、企业的市场定位、企业要采取的战略举措等，使这些"机会点到订货"工作组知道企业要做什么、如何做，"机会点到订货"工作组才会基于公司的战略背景，在统一的统计标准和方法下，认真分析每一个可能的市场机会，这个市场机会转化为订单的可能性、可能实现的收入等财务指标，然后层层向上汇总，最终形成公司的总体收入等财务指标。

由于有科学的工作方法、严谨的流程，再加之机会点到订货的数据主要由市场一线员工分析评估，然后层层汇总上报，所以在制定年度业务计划与预算时，相应的收入类指标比较准确。同时，技术点到订货的制定一般会进行两次。在提交机会点到订货规划的初稿后，由公司战略与发展委员会、财经委员会一起进行评审并与公司的各业务BG、区域组织、年度业务计划与预算工作小组，进行充分的沟通，必要时，公司战略与发展委员会和财经委员会可以对预算规则和预算约束条件进行一定的优化和调整，然后开展第二次从下到上的机会点到订货的规划工作。

机会点到订货最终获得公司董事会批准后，年度业务计划与预算工作小组就开始启动年度业务计划和全面预算制定工作。

年度业务计划和全面预算制定工作是在公司的年度战略滚动规划指导下,以机会点到订货确定的年度收入财务目标为基础,所确定的下一个年度的业务目标、重点策略、资源预算及其绩效考核方案,是年度业务与财务目标、关键任务与策略、资源与预算、重点工作、KPI(关键绩效指标)/PBC(个人业务承诺计划)等工作事项和目标的集合体。

年度业务计划和全面预算是承接未来五年战略滚动规划中在第一年落地执行的重点工作,是支撑公司年度战略滚动规划闭环的关键活动,主要由年度业务计划与预算工作小组负责推进。其中,公司战略发展部的代表负责公司下一年度重点工作的制定,公司财务管理部的代表负责全面预算的制定,人力资源部门的代表负责人力资源预算的制定,公司组织绩效部门的代表负责公司整体、各业务单元、职能部门的KPI指标的制定,整个年度计划和全面预算的制定工作由工作组组长统筹和管理。

年度业务计划和全面预算的制定具有较强的专业性,同时涉及大量工具、报表的使用,具有鲜明的企业特色和行业特色,不同的企业可能采取不同的方法和工具,这里就不一一说明了。

第三类工作就是年度业务计划和预算的评审和发布工作。在公司层面主要由战略与发展委员会、财经委员会、预算委员会组成评审小组评审年度业务计划和全面预算工作小组提交的年度业务计划和预算。评审小组评审通过后,上报董事会,由董事会审核后正式发布。

在这些工作中,还有一个关键的工作就是组织述职。

在公司层面,各职能部门、各业务BG、各区域组织等单位的负责人基于对公司已经发布的年度战略滚动规划、下一年度的工作计划和全面预算进行充分的理解，对公司层面的重点工作和预算指标进行分解落实，形成自己单位的下一年度的述职报告，向公司战略与发展委员会和董事会述职。各职能部门、各业务BG、各区域组织的述职报告通过了，开始在本单位内部进行工作计划和预算的分解和落实，组织本单位下属部门负责人的述职。

通过述职这种方式，将公司层面的年度工作计划和预算，向下层层分解落实，最终形成每个部门、每个人的工作任务和预算指标，使事事有人做，人人有指标。

第三节　管理执行与监控子流程

前面两个子流程，第一个是用来制定公司未来五年的战略滚动规划的，第二个是制定五年战略规划期中的第一年的年度计划与预算。这两个流程都是在制定规划和计划，可见华为对战略规划和工作计划制定的重视程度。战略规划定得好，年度计划定得好，执行起来就不会有大问题。

许多企业往往轻战略、轻计划、重执行，在制定企业战略规划和年度计划的时候，思考不成熟，决策草率，有些是凭经验做事，在今年的经营指标上简单地加一个增长率就是明年的经营指标，不充分考虑市场环境的变化和自身能力的优劣势，这是一种典型的"用战术上的勤奋来掩盖战略上的懒惰"的做法。更有的企业高层管理者制定出来的战略目标、工作计划和经营指标不切实际，根本不具有可行性，结果目标实现不了，企业管理者不是对自己战略规划进行检讨，反而责怪经理层执行不力，频繁地更换经营管理人员。

我们也经常听到有些企业的所有者对经理人员说："我已经制定好战略了，找你来就是执行战略的。"这些企业的所有者天真地以为，只要定了战略目标，找个人就可以将它实现了，如果实现不了就是这个人不行，我再换个人。

许多企业存在一个残酷的事实，职业经理人变动频繁，年初与企业所有者签订目标责任的是一个人，到执行目标时却换成另外一个人，到年底考核目标的时候又换了一个人。

企业战略目标的不严谨、不科学，使企业管理者过分强调职业经理人的作用，以为聘请一个高人就可以完成企业的经营目标，结果工作了几个月不满意，由极度期望变成了极度失望，于是职业经理人蜜月期结束，被换掉，再请一个职业经理人，结果陷入职业经理人靠不住、华而不实的恶性循环。

所以，企业的战略规划和年度计划的制定极为重要，而且要极为客观，不能仅仅是企业所有者一个人或几个人可以决定的，一定是一个管理团队按照一定的方法，紧密结合、上下互动，理论联系实践制定出来的，而且最终是获得执行团队认可的。

经营目标、经营策略和资源配置是统一的、一致的，同时，战略目标的制定和执行是紧密结合的，战略规划的制定者和执行者是一伙人，而不能是两伙人。之所以是一伙人，是因为企业的各级管理者都充分参与了战略规划和年度经营目标的制定，对战略规划目标和年度经营目标有着充分的理解和认可，对自己的工作方法和策略有着充分的计划和设想。

战略规划和年度计划制定好以后，下一步就是执行。华为的管理执行与监控子流程就是确保年度战略滚动规划和年度计划落地执行的子流程。那么，这个流程明确了管理执行以及监控的对象是什么？DSTE明确了管理执行与监控的对象主要是管理IBP、管理重点工作、管理KPI和管理战略专题这四项内容。

管理IBP中的IBP是集成经营计划的英文缩写，就是将企业本年度的各项业务计划，如产品计划、销售计划、运作计划等与财务预算计划、人力资源计划等集成统一管理和监控，实现对企业各业务计划与人、财、物三要素的统一管理。这种集成管理的好处是：推动各业务计划执行部门协同运作，提升工作效率，提升客户满意度；实现企业局部短期利益和整体长期利益的平衡，提升公司经营效益；促进企业各项业务计划与财务计划匹配，揭示经营目标达成风险，实现企业财务平衡、赢利平衡，确保经营结果可控、可预期。

管理重点工作，就是将企业战略规划中的关键任务分解落地到本年度需要执行的重点工作以及年度经营计划中确定的重点工作，这些重点工作是支撑战略规划和年度经营计划目标达成的那些关键性工作。这些重点工作类型包括但不限于如下方面：市场突破类、重大市场交付类、产品和解决方案类、产品与技术类、战略变革类、流程变革类、流程改进类等重点工作。

管理KPI就是对公司的KPI执行情况进行管理和监控。

管理战略专题是对公司及各业务BG、类业务BG、区域组织、职能部门的业务开展和未来发展有重要影响的问题,包括但不限于业务增长、赢利、竞争、新技术、新产业机会、客户关系、质量管理、人才等重大战略性问题进行专题研究和管理,为企业的发展提出可执行的战略建议。

管理IBP、管理重点工作、管理KPI主要基于董事会批准的年度业务计划与预算确定。管理战略专题基于董事会批准的年度滚动战略规划确定,战略专题工作主要由公司的战略部门负责管理和执行,工作成果由公司战略与发展委员会负责评审。财务预算管理和执行由财务部门负责,人力资源预算管理与执行由人力资源部门负责;同样财经委员负责评审财务预算执行情况,人力资源委员会评审人力资源预算执行情况。

管理执行与监控子流程的工作是常态化的工作,公司通过月度、季度、半年、年度的经营监控管理会和战略复盘与纠偏审视会进行常态化的监督和监控。经营研讨会是战略执行与监控最常见的会议,一般以双周或月度居多,主要内容是由各业务BG、区域组织和职能部门负责人向公司CEO经营管理团队汇报管理IBP、重点工作、KPI等工作进展和状态,对风险和跨部门求助进行决策,确定应对方案,协调资源,并落实下一个阶段的工作任务。战略复盘与纠偏审视会一般以季度居多,主要目的是根据环境变化进行纠偏以及阶段性复盘,具体会议内容是定期审视战略目标的正确性,根据战略规划执行情况不断重新调整重点工作任务;阶段性复盘,提炼经验和教训,对公司的组织、流程、激励机制等进行调整和优化。

第四节　战略管理的时间进度安排

战略管理是一个常态性的工作，无论是战略规划工作，还是年度计划和预算制定工作，或者是日常的战略执行与监控工作，都会依据流程和制度的要求有条不紊地进行。而战略管理流程一定是带时间属性的，什么时间该做什么事？由谁去做？什么时候完成？完成的质量标准是什么？

DSTE战略管理流程专门制定了战略日历，如图10-1所示，明确开展各项战略管理活动的时间进度安排，到了规定的时间，各相关部门就会按时启动相关的战略工作，并且在规定的时间内完成相关的战略工作，整个战略管理工作在战略日历的指挥下像一个机器一样准时准点地高质量运营，这就是企业运营管理包括战略管理的最高境界。企业不是由一两个能人管理，而是由一套科学的运营管理机制管理。

以华为公司层面的战略管理为例，一般而言，公司未来五年的战略滚动规划工作是在前一年的4月初到9月底之间进行。例如公司2001年到

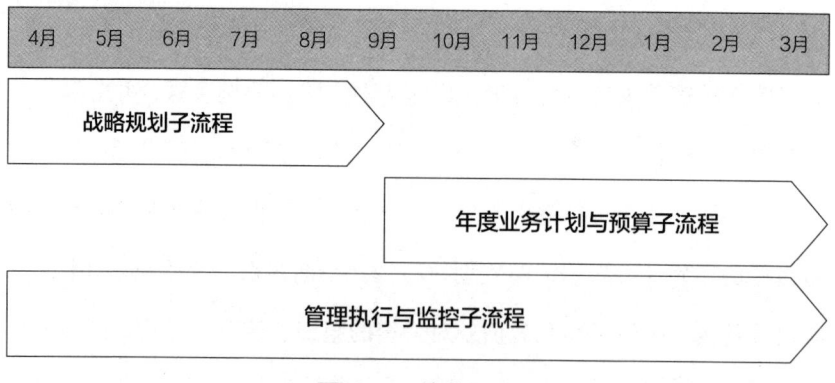

图10-1　战略日历

2005年的五年战略滚动规划是在2000年的4月初到9月底之间进行的。

4月初，由战略与发展委员会、财经委员会、人力资源委员会确定公司战略发展方向指导、财务和人力资源约束口径，经过董事会批准后，启动年度战略滚动规划，并组建战略规划工作组，推动年度战略滚动规划的实施，各业务BG、职能部门、区域组织开始进行差距分析和市场洞察两个模块的研究。

5月初，由战略与发展委员会、财经委员会、人力资源委员会和各业务BG、职能部门、区域组织召开战略务虚会，讨论差距分析和市场洞察两个模块的工作成果，提出具体的产业发展策略和战略目标，各业务BG、职能部门、区域组织基于务虚会的结果在5月、6月完成战略意图和创新焦点模块、业务设计模块的内容。

6月底，由战略与发展委员会、财经委员会、人力资源委员会召开业务设计务虚会，讨论各业务BG、职能部门、区域组织提出的战略意图和创新焦点模块、业务设计模块的内容，各业务BG、职能部门、区域组织基于务虚会的结果进行修改完善。

7月、8月，各业务BG、职能部门、区域组织组成的战略滚动规划小组完成战略执行四个模块的内容，最终形成整体的年度战略滚动规划报告。战略与发展委员会、财经委员会、人力资源委员会在8月底对战略滚动规划小组制定的年度战略滚动规划报告进行评审，形成年度战略滚动规划报告初稿，在由战略滚动规划小组修改完善后，在9月底由战略滚动规划小组向董事会汇报，由董事会批准发布。

制定公司的年度计划与预算的时间进度安排从前一年的9月开始到当

年的3月结束。例如制定2001年的年度计划与预算是从2000年的9月开始到2001年的3月结束。2000年9月，公司2001年到2005的年度战略滚动规划已经完成，紧接着就开始制定2001年的年度计划与预算，到2001年3月份完成。之所以在3月份结束，而不是在前一年的12月结束，是因为许多国际化的企业，它的财务年度是从第一年的4月到第二年的3月结束，华为公司的财务运营周期也是参考了大部分国际企业的通行惯例。

前一年的9月初，董事会批准成立公司层面的年度经营计划与预算工作小组，启动下一年度工作计划与预算工作，输入公司董事会批准的年度战略滚动规划报告。年度经营计划与预算工作小组主要由公司财务、预算、人力资源、战略部等部门代表构成，在充分理解年度战略滚动规划报告的基础上，工作小组提出公司年度业务重点、产业分类和产品目录、公司初始财务目标、预算编制及评审规则，人力部门提供人力管控指标、人力预算编制及评审规则等，以上材料经公司战略与发展委员会、财经委员会、人力资源委员会评审并通过，上报董事会批准执行。

前一年的10月，各业务BG、区域组织基于年度计划的约束条件和规则进行机会点到订货的梳理，形成机会点到订货规划。10月底，工作小组基于第一次的机会点到订货规划方案对公司整体的预算进行推演和测算，制定KPI指标方案、重点工作。

前一年11月初，工作小组给出机会点到订货规划的反馈意见并对预算约束条件进行修改和完善，各业务BG、区域组织基于新修订的预算约束条件和规则制定第二稿的机会点到订货规划方案，工作小组基于第二次的机会点到订货规划方案制定新的KPI指标方案、重点工作。

前一年11月下旬，战略与发展委员会审议和批准机会点到订货第二稿、各业务BG和职能部门以及区域组织KPI指标方案、集团重点工作方案，财经委员会批准预算约束条件、人力资源委员会批准人力预算管控要求，然后上报董事会批准预算约束条件。

前一年12月，各业务BG和职能部门以及区域组织制定业务计划和预算初稿，然后由工作小组汇总和平衡，形成全面预算、KPI目标和重点工作任务。

当年1月，战略与发展委员会评审各业务BG和职能部门以及区域组织的KPI目标值、重点工作，财经委员会评审全面预算，人力委员评审人力预算，然后上报董事会批准。

当年2月，各业务BG和职能部门以及区域组织负责人基于批准的财务预算、人力预算、KPI目标、重点工作任务，制定本单位的年度业务计划和述职报告。

当年3月，战略与发展委员会各业务BG和职能部门以及区域组织提交述职报告。

当年3月底，董事会批准各业务BG和职能部门以及区域组织的述职报告。至此，年度计划与预算制定的周期就结束了。

战略执行与监控的时间跨度为一年，一般是从当年的4月到第二年的3月为一个周期，就是从董事会批准各业务BG和职能部门以及区域组织的述职报告开始到第二年开展做述职报告。

前面说过，战略执行与监控阶段的工作主要以经营会议和战略研讨会的形式进行，战略管理日历一般是以月度、季度、半年和年度的时间进度举行。

华为的战略日历工具就像一个闹钟，提醒公司各部门、各单位按时开展战略管理，使公司的战略管理工作紧张有序、有条不紊，保证了企业的战略管理工作既牵引着企业的管理运营，也真正融入到企业的日常管理工作中去。

后记

在本书即将付梓出版时刻,传来美国制裁华为的消息,美国以一国之力压制中国一家企业的发展,这在世界历史上是绝无仅有的;即便如此,华为"泰山崩于前而色不变",见招拆招、应对有道,在与美国的斗争中取得了初步胜利。然而这只是一个开始,未来,美国对中国企业的制裁也绝非华为一家公司,美国对中国高科技企业的压制将会是一个常态,斗争将更为残酷。只有越来越多的中国高科技企业成长起来,强大起来,团结起来,才能在与美国的科技竞争中夺取最终的胜利。"天下兴亡,匹夫有责",希望本书能为中国企业的发展和强大贡献一点绵薄之力。

扫码免费听
《高效能人士的七个习惯》有声书